# 사춘기, 책으로 다시 연결된 우리

# 사춘기, 책으로 다시 연결된 우리

독서가 이어준 엄마와 아이의 두 번째 성장

**초 판 1쇄** 2025년 12월 11일

**지은이** 한지연
**펴낸이** 류종렬

**펴낸곳** 미다스북스
**본부장** 임종익
**편집장** 이다경, 김가영
**디자인** 임인영, 윤가희
**책임진행** 안채원, 이예나, 김요섭, 김은진, 국소리

**등록** 2001년 3월 21일 제2001-000040호
**주소** 서울시 마포구 양화로 133 서교타워 711호
**전화** 02) 322-7802~3
**팩스** 02) 6007-1845
**블로그** http://blog.naver.com/midasbooks
**전자주소** midasbooks@hanmail.net
**페이스북** https://www.facebook.com/midasbooks425
**인스타그램** https://www.instagram.com/midasbooks

© 한지연, 미다스북스 2025, *Printed in Korea*.

ISBN 979-11-7355-618-0 03370

값 18,500원

※ 파본은 구입하신 서점에서 교환해드립니다.
※ 이 책에 실린 모든 콘텐츠는 미다스북스가 저작권자와의 계약에 따라 발행한 것이므로 인용하시거나 참고하실 경우 반드시 본사의 허락을 받으셔야 합니다.

**미다스북스**는 다음세대에게 필요한 지혜와 교양을 생각합니다.

# 사춘기, 책으로 다시 연결된 우리

한지연 지음

독서가 이어준 엄마와 아이의 두 번째 성장

미다스북스

## 프롤로그

오늘도 아이 방 앞에서 멈칫하셨나요?

문을 사이에 두고, 물어보고 싶은 말이 목구멍에서 자꾸만 미끄러집니다. "오늘 하루 어땠어?" 대신 "숙제는 했니?"가 먼저 튀어나올까 봐 두려운 그 마음, 저도 잘 압니다.

저는 10년 넘게 아이들의 책 읽기와 글쓰기를 지도해왔습니다. 동시에 고2 딸과 중1 남매 쌍둥이를 키우는 워킹맘이기도 합니다. 첫째가 사춘기의 터널에 들어섰을 때 제 세상은 지진처럼 흔들렸습니다. 아이를 잘 키우는 게 최우선이었던 저는 그 충격 속에서 엄마도 두 번째 사춘기를 겪어야 한다는 사실을 깨달았습니다.

한때 저는 너무 많은 사교육을 하는 것에 대한 부정적인 시각을 가지고 엄마표 교육에 열정을 쏟기도 했던 사람입니다. 그러나 아이의 사춘기 앞에서 방법을 수없이 고민하며 방향을 다시 정립했습니다. 지금 저는 학원을 운영하며, 책을 매개로 아이와 부모를 다시 잇는 방법을 연구합니다. 사춘기를 통과하는 아이에게 필요한 것은 잔소리가 아니라 '마음을 안전하게 묶어 줄 언어'라는 것을 알게 되었으니까요.

물론 현실은 간단치 않았습니다. 어릴 때 책을 읽어주면 품에 안겨 듣던 아이가 중학생쯤 되면 책만 펼치면 하품부터 했습니다. 휴대폰을 품고 방에 틀어박힌 아이에게 "책 좀 읽어라!"라는 잔소리는 통하지 않았습니다.

그런데 어느 날, 딸과 저는 『행복의 기원』이라는 책 한 권을 사이에 두고 대화를 시작했습니다.

"이 책에서 행복이 어디서 오는지 얘기하던데, 너는 어떻게 생각하니? 엄마는 이 책을 읽고 나서 행복에 대해서 다시 생각해 보게 되더라."

책 속 질문이 우리 모녀 사이를 가볍게 연결해 주는 사다리가 되어 주었습니다. 이 시기 아이들에게 아이 자신의 이야기를 묻는 것보다도 책은 훨씬 안전한 연결다리가 되어 주기도 합니다. 이후 『파친코』의 '한수'라는 인물을 놓고 설전을 벌이기도 하고, 서로의 시 취향을 얘기하며 웃기도 했습니다.

이 경험은 제 교실에서도 반복되었습니다. "책만 들면 졸려요." 하던 사춘기 아이들이 함께 읽는 책 한 권으로 토론하며 눈을 반짝이기도 했습니다. 단순히 책을 잘 읽었는지 안 읽었는지 확인하는 것이 아니라 책 속의 한 문장을 가지고 여러 생각을 나누기도 했습니다.

아이의 사춘기가 가정 전체를 흔들어 놓는 경우도 자주 보았습니다. 학업은 물론 태도까지 다른 아이처럼 변해버린 아이와 그 아이를 어떻게 받아들이고 대처해야 할지 모르는 엄마가 같이 방황하고 있었습니다. 그 갈등은 또 부부 사이의 갈등으로 이어지기도 하고 형제 자매간 갈등으로 번지는 경우도 많습니다. 그렇게 가정에서 대화는 단절되고 아이들은 점점 더 마음 둘 곳을 잃어가고 있었습니다.

그래서 이 책을 쓰기로 했습니다.

이 책은 1부와 2부로 구성했습니다.

1부에서는 독서를 통해 아이와 엄마가 함께 성장해 나가는 이야기를 담았습니다. 폭풍처럼 요동치는 시기에 아이의 마음을 읽고 공감하기 위한 첫걸음에서부터, 혼란 속에서도 흔들리지 않을 학습의 뿌리, 그리고 이 시기 아이들에게 힘이 되어 줄 독서의 의미를 다뤘습니다. 또한, 아이와 함께 '두 번째 사춘기'를 맞이해 혼란과 변화를 겪는 엄마를 위한 독서 이야기도 함께 담았습니다.

2부에서는 사춘기 아이에게 꼭 권해 보고 싶은 다양한 주제의 청소년 도서를 소개했습니다. 이 시기 아이들도 흥미롭게 볼만한 책으로 구성했습니다. 이 책 중에 한 권이라도 아이가 다시 책을 잡을 수 있는 마중물이 되면 좋겠습니다.

사교육 반대론자였던 제가 사교육 사업을 하게 된 이야기, '내가 다시 무엇을 할 수 있을까?' 고민하던 제가 이제는 하고 싶은 일들로 24시간을 부족하게 살아가게 된 이야기도 책 이야기와 함께 담았습니다. 저의 이 모든 시작과 성장의 동력이 책이었습니다. 저에게 그랬듯이 읽고 쓰는 일이 세상 곳곳에 도움이 되기를 바랍니다.

몇 달 뒤, 당신의 식탁 위에도 한 권의 책이 놓이길 바랍니다.
그리고 저녁 바람처럼 가벼운 목소리로 아이가 먼저 말을 꺼낼지도 모릅니다.

"엄마, 이 장면 이상하지 않아?"

그 순간, 멀어진 아이와의 사이에 보이지 않던 사다리 하나가 놓일지도 모릅니다. 그 사다리를 통해 아이와 갈등도 좀 잦아들고, 그것을 시작으로 엄마의 인생 제2막도 펼쳐질지 모릅니다. 저는 그 길에 작은 등불 하나를 보태고 싶습니다.

프롤로그 5

# 1부
# 독서로 함께 자라는 시간

## 1장 사춘기, 낯설지만 나란히 걷는 길

1 부모가 놓친 진실, 아이는 변하지 않았다 15
2 두 번째 탯줄 끊기, 놓아주는 용기 20
3 감정과 이성 사이, 사춘기의 진짜 얼굴 26
Ⅱ 보이지 않는 도움 요청: 아이의 SOS 읽어내기 33

## 2장 혼란 속에서도 흔들리지 않는 배움

1 공부보다 중요한 건 태도 41
2 중학교 성적, 숫자보다 의미를 읽어라 46
3 사교육 현명하게 활용하는 법 52
Ⅱ 부모의 역할: 코치이자 파트너 되기 61

## 3장 책, 여전히 사춘기의 든든한 친구

1 혼란의 시기, 독서가 빛나는 이유 71
2 문해력은 생각의 근육이다 75
3 책으로 다시 소통하기 81
Ⅱ 다시 책을 잡게 하는 방법 85

## 4장 두 번째 사춘기, 성장의 길 위에 선 엄마

1 엄마도 책이 필요하다 95
2 아이를 위로하기 전에 나부터 98
3 삶을 깨우는 지혜의 독서 107
Ⅱ 배움은 결국 행동으로 완성된다 115

# 2부
# 책, 세상을 이해하는 두 개의 창

## 1장  문학 – 아이에게 건네는 위로와 성장

1  문학이 곁에 있을 때, 외롭지 않다    127
2  사춘기의 핵심은 '관계' 『세계를 건너 너에게 갈게』 외    130
3  이해는 성장의 다른 이름 『유진과 유진』 외    146
4  사고가 넓어지는 관점 비틀기 『줄무늬 파자마를 입은 소년』 외    159
5  고전이 전해주는 오랜 세월의 진리 『지킬 박사와 하이드 씨』 외    170

## 2장  비문학 – 생각의 지평을 넓히다

1  비문학, 아이에게 어떻게 읽힐까    181
2  수백 년 전 기록에서 오늘을 배우다 『역사의 쓸모』 외    184
3  인문과 철학은 멀리 있지 않다 『프랑켄슈타인의 철학 좀 하는 괴물』 외    192
4  삶을 능동적으로 설계하는 도구 『세상이 확 달라지는 정치 이야기』 외    199
5  세상을 이해하는 또 다른 언어 『정재승의 과학 콘서트』 외    205

**에필로그** 212

# 1부

# 독서로 함께 자라는 시간

"성장에 정답이 없지만, 책은 늘 조용히 해답을 건넵니다. 독서는 아이에게 성장을, 엄마에게 성찰을 선물합니다."

## 1장

# 사춘기,
# 낯설지만 나란히 걷는 길

사춘기는 어느 날 갑자기 찾아옵니다. 다정하던 아이가 갑자기 방문을 닫고 대화를 피하고 낯선 눈빛을 보내는 그 순간, 많은 부모는 당황하고 두려워집니다. 아이가 변한 건지 내가 잘못 키운 건지 끝없는 자책과 걱정이 밀려옵니다. 사춘기라는 성장의 시기를 부모가 어떻게 이해하고 어떤 자세로 바라보아야 하는지, 저의 경험과 교육 현장에서의 사례를 토대로 이야기해 보고자 합니다.

I

# 부모가 놓친 진실,
# 아이는 변하지 않았다

왜 아이는 갑자기 부모를 밀어내는가?

사춘기가 시작되자, 내 분신 같았던 아이가 하루아침에 달라졌습니다. 다정하던 눈빛은 날카로워졌고 동생들을 챙기던 손길은 사라졌으며 방문은 굳게 닫혔습니다. 공부는 뒷전이었고 책과 가까웠던 아이가 이제는 휴대폰과 한 몸이 된 듯 보였습니다. 사춘기란 누구나 겪는 통과의례이니, 이해할 수 있을 거라고 자신했습니다. 그러나 막상 그 시기를 마주하자 매일 폭우 속을 걷는 듯한 기분에 휩싸였습니다.

혼란스러웠습니다. 아이가 왜 이렇게 변했는지 도무지 이해할 수 없었고, 어떻게 대해야 할지도 몰랐습니다. 저는 아이를 통제해 보려고도 했습니다. 휴대폰 관리 앱을 설치하고 사용 시간을 제한하고 소리 지르지 않으려 애쓰면서도 눈치 보며 타이르고 또 참았습니다. 그래도 아이는 나를 점점 더 밀어냈습니다. 지금까지 쏟아부은 노력과 시간이 물거품이 되는 것 같았습니다. 심지어 아이가 아닌 나 자신이 실패한 것 같다는 무력감까지 들었습니다.

그러던 중, 오래전에 들었던 조선미 박사님의 강의가 떠올랐습니다.

"사춘기 아이의 뇌는 무너졌다가 다시 재조립되는 중입니다."

당시엔 그 말이 이론처럼만 들렸지만, 그때의 내 아이를 보며 마음 깊이 와닿았습니다. 열두 해 넘게 사용해 온 뇌가 갑작스럽게 다시 설계되는 과정이라고 생각해 보니 아이가 얼마나 불안하고 혼란스럽고 감정적으로 예민할 수밖에 없을지 이해가 되기 시작했습니다.

"열 살까지 잘 키웠다면, 이제는 좀 놓으셔도 괜찮습니다. 침대에 교복을 입고 그대로 누워도, 하루 세 끼 라면을 먹어도 괜찮습니다. 죽고 사는 일이 아니라면 지금은 그냥 조금 내버려두세요."

저는 그 말을 떠올리고 조금 숨을 돌릴 수 있었습니다. 아이를 바꾸려 안간힘을 쓰는 대신, 나의 시선을 바꾸는 것이 먼저라는 것을 깨달았습니다. 아이는 무너지고 있는 게 아니라 자라고 있던 것입니다. 엄마 보기에 낯설고 불안한 이 과정은 아이가 진짜 자기 자신이 되어가기 위해 거치는 과도기였습니다.

사춘기란 부모가 아이를 놓아주는 첫 번째 통과의례이자, 아이가 부모에게서 독립하여 '나'를 만들어 가는 시작입니다. 부모가 아이의 혼란을 있는 그대로 인정하고 기다려줄 때 아이는 결국 제자리로 돌아옵니다. 부모가 먼저 아이를 '변했다'라고 단정 짓는 시선을 내려놓을 때, 아이는 여전히 그 자리에 있었다는 것을 알게 됩니다.

혹시 제가 그랬던 것처럼, 아이가 변했다는 생각에 마음이 괴로우신가요?

우리가 아이에게 기대했던 모습과 아이가 실제로 가진 성향은 다를 수 있습니다. 부모는 종종 '이렇게 자라줬으면' 하는 바람 속에서 아이를 바라보지만, 아이는 저마다 고유한 기질과 방향을 가지고 성장합니다. 지금 아이가 보이는 낯선 모습이 실패나 문제의 징후가 아니라, 타고난 자기 자신으로 살아가기 위한 자연스러운 과정임을 받아들이는 것, 그것이 사춘기를 함께 건너는 첫걸음입니다.

실전 TIP

# 우리 아이, 사춘기일까?

## 사춘기 체크 리스트

1. 예전보다 말수가 줄고, "몰라요", "귀찮아요" 같은 반응이 늘었나요?
2. 가족보다 친구를 더 중요하게 여기며, 자주 연락하고 만나는 걸 우선하나요?
3. 이유 없이 짜증을 내거나, 감정 기복이 심해졌다고 느끼시나요?
4. 문을 자주 닫고 혼자 있는 시간이 많아졌나요?
5. 외모에 관심이 부쩍 늘거나, 스타일이 바뀌었나요?
6. 공부에 대한 의욕이 줄고, "왜 해야 해요?" 같은 질문을 자주 하나요?
7. 예전보다 부모의 말에 반박하거나, 질문에 공격적으로 반응하나요?
8. 스마트폰 사용 시간이 늘고, 방해받으면 크게 예민해지나요?
9. 전에는 즐겁게 하던 활동을 갑자기 그만두거나 흥미를 잃었나요?
10. 예전보다 충동적인 행동(물건 던지기, 버럭 화내기, 대들기 등)을 자주 보이나요?

**해석 가이드**

0~3개 : 일시적인 기분 변화일 수 있음, 일상적인 소통과 환경 조정만으로 충분
4~6개 : 사춘기의 신호가 시작됨, 감정 조율·생활 습관 리듬 관리가 중요
7개 이상 : 사춘기 전환기 본격 진입, 통제보다 관찰과 공감이 우선

## 2

# 두 번째 탯줄 끊기,
# 놓아주는 용기

우리는 아이를 낳으며 생물학적인 탯줄을 자릅니다. 하지만 아이가 자라 사춘기에 이르면 부모와 자녀는 또 한 번의 탯줄을 끊어야 합니다. 이번엔 눈에 보이지 않는 정서적, 심리적 탯줄입니다. 아이는 부모에게서 떨어져 나오며 자신을 정의하고 싶은 강한 욕구를 느끼게 됩니다. 그것은 반항이 아니라 독립의 시작입니다.

사춘기 아이가 "엄마는 몰라도 돼.", "내가 알아서 할게."라고 말할 때, 부모는 거절당한 느낌에 마음이 움츠러듭니다. 그러나 그 말에는 '나는 이제 스스로 생각하고 판단하고 싶다.'라는 메시지가 숨어 있습니다. 자녀의 독립은 어느 날 갑자기 이뤄지는 것이 아닙니다. 부모의 간섭과 통제에서 서서히 자신을 분리해 나가며 고유한 자아를 만들어 가는 과정입니다.

이 시기에 부모가 할 수 있는 가장 중요한 일은 아이의 변화에 일희일비하기보다 한 걸음 물러서서 지켜보는 용기를 갖는 것입니다. 안전하게 돌아올 수 있는 공간이 있다는 사실만으로도 아이는 언제든 다시 다가올 수 있습니다. 때로는 부모의 간섭보다 침묵과 기다림이 훨씬 더 깊은 신뢰를 전합니다.

아이의 독립은 결국 부모의 독립이기도 합니다. 아이를 품에 둔 채로는 결코 날게 할 수 없습니다. 내 방식으로 완성하려는 욕심을 내려놓고, 아이가 자기 삶을 설계할 수 있도록 조금씩 자리를 내어주는 것, 그것이 두 번째 탯줄을 끊는다는 것의 진짜 의미입니다.

처음 아이가 독립하려는 모습을 보였을 때, 저는 그것을 '무책임'이나 '게으름'으로만 받아들였습니다. 책을 안 읽는 모습, 늦잠, 공부에 무관심한 태도, 모두 엄마를 무시하는 행동처럼 느껴졌습니다. 그런 아이를 그냥 두는 것이 엄마로서 아이를 포기하는 것처럼 여겨졌습니다. 그래서 아이에게 "요즘 왜 그래?", "책 좀 읽어야지.", "정신 차려야 하는 거 아니야?" 하는 말을 끊임없이 던졌고, 아이는 점점 더 침묵으로 응답했습니다. 그러다 문득 깨달았습니다. 아이는 내가 바라는 대로 살고 싶은 것이 아니라, 자기 방식으로 살아 보고 싶어 하는 것이라는 사실을요.

그날 이후로 저는 '바로 말하지 않기, 바로 개입하지 않기, 먼저 물어보기'를 연습하기 시작했습니다. 아이는 당장은 변하지 않았지만, 엄마의 반응이 바뀌자 우리 사이의 공기는 조금씩 달라지기 시작했습니다.

저는 한때 아이가 내 말을 따르지 않으면 불편하고 화가 났습니다. 그러다 어느 날 그 마음을 들여다보니, '나는 옳고, 아이는 틀리다'라는 무의식적인 전제가 숨어 있다는 걸 알았습니다. 아이를 내 틀에 가두고 있으면 그 아이는 결국 나만큼밖에 성장하지 못하겠다는 사실을 깨달았습니다. 고등학생이 된 첫째 아이와 대화를 나누다 보면 때때로 저보다 깊고 성숙한 생각을 하고 있다는 걸 발견하며 놀라곤 합니다.

아이를 진짜로 독립시켜야겠다고 결심하게 된 큰 계기는

저의 암 수술이었습니다. 나에게 그런 일이 생기리라고는 단 한 번도 상상하지 못했습니다. 수술대 위에 누워 문득 이런 생각이 들었습니다.

'내 아이들을 엄마 없이는 아무것도 할 수 없는 아이들로 키우고 있다면, 내가 세상에서 사라진 후에 나는 이 아이들에게 무엇을 남긴 것일까?'

성인이 되어서도 부모에게서 심리적으로 독립하지 못한 채 살아가는 어른이 많습니다. 내 아이를 그런 어른으로 만들고 싶지 않았습니다. 언젠가 부모가 곁에 없을 때도 흔들림 없이 자신을 지킬 수 있도록 지금부터 진짜 독립을 준비시키겠다고 생각하게 되었습니다. 그렇게 저는 마음먹었습니다. '아이를 내 기준안에 가두는 대신, 자기 삶의 중심을 세울 수 있도록 도와주어야겠다.' 그것이 진짜 '독립'을 위한 부모의 역할임을 확신하게 되었습니다.

### 실전 TIP

# '건강한 거리두기'를 위한 4단계 실천법

### 바로 말하지 않기

사춘기 아이와 마주할 때, 우리는 자주 충동적으로 반응하게 됩니다. "또 휴대폰이야?", "지금 몇 시인데 아직 안 일어났어?" 같은 말이 툭툭 튀어나옵니다. 하지만 감정이 올라온 그 순간, 잠깐만 멈추면 상황이 달라질 수 있습니다. 아이의 행동이 마음에 들지 않더라도 그 즉시 훈계나 지적을 던지기보다는 한 박자 늦춘 말하기를 연습해 보세요. 한 번 참았을 때, 내 마음도 아이의 반응도 훨씬 덜 상처받고 덜 격해집니다. 부모가 감정적 반응을 줄이는 것이 아이와의 관계를 지키는 첫걸음입니다.

### 바로 개입하지 않기

무기력하게 누워있는 아이를 보면 도와주고 싶은 마음이 들죠. 대신 뭔가 해주고 빨리 문제를 해결해 주고 싶어집니다. 하지만 부모가 먼저 나서서 해결해 주면 아이는 스스로 문제를 마주하고 선택하는 기회를 빼앗기게 됩니다. 때로는 아이가 혼자 엉키고 풀어내는 시간을 허락해야 합니다. 설사 결과가 어설프더라도 부모가 바로 개입하지 않고 기다려주는 태도는 '너를 믿는다.'라는 강력한 메시지가 됩니다. 개입을 줄이면 아이의 자율성이 자라고 그 자율성이 결국 자기 주도 학습과 삶으로 이어집니다.

### 먼저 물어보기

아이의 상황이 잘 보이지 않을 때, 우리는 지시나 훈계부터 꺼내 들게 됩니다. 하지만 사춘기 아이들은 지적보다 '존중받는 느낌'을 통해 마음을 엽니다. "왜 안 해?"보다 "지금 어떤 생각이 드니?", "혹시 지금 어떤 게 제일 힘들어?"와 같이 질문을 통해 아이의 말문을 여는 연습이 필요합니다. 질문은 통제의 도구가 아니라 소통의 문입니다. 아이가 설명할 기회를 가질 때 스스로 마음도 정리되고 부모와의 관계도 부드럽게 이어질 수 있습니다.

### 비난 대신 나의 감정 말하기

"너 때문에 힘들어.", "엄마 속을 왜 이렇게 썩이니?" 같은 말은 아이를 위축시키고 방어적으로 만들 뿐입니다. 반면 "엄마는 지금 네가 걱정돼.", "네가 그렇게 말하니 서운했어."처럼 자신의 감정을 솔직하게 표현하는 '나 중심 말하기'는 아이에게도 상처를 주지 않으면서 마음을 전할 수 있는 효과적인 방법입니다. 사춘기 아이는 부모의 말에 민감하게 반응하지만, 감정까지 읽어줄 수 있다면 그만큼 깊은 신뢰가 쌓입니다. 아이를 고치려 하기보다 내 감정을 전달하고 공유하는 방식으로 대화의 방향을 바꿔보세요.

# 3

# 감정과 이성 사이, 사춘기의 진짜 얼굴

 사춘기 아이들의 일반적인 특징을 이해하면, 내 아이만 특별히 문제가 있는 것이 아니라는 점을 알게 됩니다. '우리 집 아이만 왜 이럴까?'라는 막막한 생각이 들 때, 사춘기가 모든 아이에게 자연스러운 발달 과정임을 알게 되면 마음이 조금은 편해질 것입니다. 그래서 사춘기 아이들의 특징을 발달 과정과 연관을 지어 살펴보려 합니다.

### 감정의 롤러코스터

 사춘기 아이들은 감정의 롤러코스터를 타고 있는 듯한 모습을 자주 보입니다. 많은 아이가 겪는 이 변화는 부모를 당황하게 만들고 때로는 어떻게 반응해야 할지 난감하게 만듭니다. 저 역시 아이를 키우면서 계속 겪는 일이지만, 그럴 때마다 '이게 사춘기구나.' 하고 스스로 다독이곤 합니다. 이런 감정의 기복은 상황에 따른 기분 탓이 아니라 사춘기 아이들의 뇌와 몸에서 실제로 일어나는 변화 때문입니다. 사춘기 아이들의 전두엽 발달은 다소 느려지는 경향을 보입니다. 전두엽은 논리적 사고, 계획, 의사결정, 그리고 충동 조절 등 고차원적인 인지 기능을 담당하는 부분입니다. 이 발달이 더디게 진행되면서 아이들은 충동적이고 감정적으로 행동하는 모습을 보일 때가 많습니다.

게다가 사춘기는 성호르몬이 급격히 증가하는 시기이기도 합니다. 테스토스테론은 공격성과 관련이 있으며, 에스트로겐은 감정 기복을 더욱 강화할 수 있습니다. 이 호르몬 변화는 감정과 충동을 더 강하게 만들고, 전두엽의 통제력을 약화할 수 있습니다. 그래서 작은 일에도 아이가 화를 내거나 눈물을 보이는 일이 잦아지는 것이지요.

처음에는 이런 아이의 모습이 낯설기도 하고 이해도 되지 않았지만, 지금은 다르게 받아들이게 되었습니다. 성장 과정 일부라는 것을 알게 되었기 때문입니다. 사춘기의 감정 기복은 우리 아이만 겪는 특별한 일이 아닙니다. 오히려 모든 아이가 통과하는 자연스러운 여정이며, 그 과정에서 부모의 역할은 무엇보다도 아이의 감정을 있는 그대로 받아주고 이해하는 것입니다.

## 독립에 대한 갈망과 갈등

 사춘기 아이는 부모에게서 독립하려는 욕구가 강해집니다. 이는 자연스러운 성장 과정 일부지만 부모에게는 갑작스러운 거리감으로 느껴질 수 있습니다. 아이들은 스스로 어른으로 대우받길 원하지만, 여전히 부모의 지지와 사랑도 필요합니다. 이 모순적인 태도는 갈등의 원인이 되기도 합니다.

 이 시기의 부모와 자녀 관계는 마치 수영장 벽과 같습니다. 처음에는 벽을 꼭 잡아야 물속에 머물 수 있었지만, 조금씩 손을 떼고 멀리 나아가려 합니다. 물속을 자유롭게 헤엄치다가도 지치면 다시 벽을 붙잡고 쉬었다가, 또다시 벽을 차고 그것을 원동력 삼아 나갑니다.

이 모습은 부모에게도 아픈 시간이지만, 꼭 필요한 성장의 과정입니다. 언젠가 수영장이 아닌 더 넓은 바다로 나아가기 위해서는 지금처럼 멀어지고 돌아오는 반복을 거쳐야 하니까요. 부모의 역할은 아이가 안전하게 떠날 수 있도록 든든히 그 자리에 있는 것입니다.

## 자아 정체성

 사춘기는 "나는 누구인가?"라는 질문을 스스로 던지며 자아를 형성해 가는 시기입니다. 아이는 다양한 경험을 통해 자신의 정체성을 찾아가며 때로는 부모가 이해하기 힘든 방식으로 자신을 표현하기도 합니다. 새로운 옷 스타일, 음악 취향, 또는 특정 이념에 관한 관심은 이러한 탐색 과정의 일부입니다.

 급격한 신체 변화(키 성장, 체중 변화, 이차성징 등)는 자기 외모에 대해 민감하게 반응하게 만듭니다. 외부의 평가나 타인의 반응에 더 예민해지면서 자존감과 감정 상태가 불안정해질 수 있습니다. 부모님과 함께 사는 내 세상에서는 내가 최고였지만 본격적인 사회생활을 시작하며 친구들과 자신을 비교하며 내가 최고가 아니라는 사실을 받아들이게 됩니다. 이 시기에 자존감이 잘 형성될 수 있게 도와주기 위해 부모의 말 한마디 한마디가 정말 중요합니다. 부모의 말, 태도, 시선은 아이 마음 깊은 곳에 저장되어 평생 자존감의 토대가 됩니다.

## 또래 관계의 중요성

사춘기에는 친구와의 관계가 부모와의 관계만큼, 때로는 그보다 더 중요해집니다. 또래 집단에서 인정받고 싶어 하는 욕구가 강해지며 친구의 의견이 행동과 결정에 큰 영향을 미칩니다. 부모의 충고보다 친구의 말을 더 신뢰하는 경우가 많아 부모는 아이와의 소통에서 벽을 느낄 수 있습니다. 이는 자연스러운 현상이기는 하나 자칫 또래 관계에 과도한 집착을 하거나 잘못된 방법으로 관계를 지속해 가고 있지는 않은지도 잘 살펴볼 필요가 있습니다.

사춘기의 아이들은 아직 불완전하고 불안정한 시기를 지

나고 있습니다. 그래서 한 번만 더 생각했더라면 하지 않았을 행동으로 친구에게 상처를 주기도 합니다. 그 행동이 잘못된 것임을 인식하지 못한 채, 집단의 분위기에 휩쓸려 내 아이 역시 비슷한 행동을 하고 있을지 모릅니다. 또래 관계를 지나치게 통제하면 아이가 마음의 문을 닫기 쉽습니다. 하지만 완전히 외면해서도 안 됩니다. 대화의 창을 열어 두고, 아이의 마음을 살피며 필요한 순간 따뜻한 방향을 제시하는 것이 부모의 몫입니다.

 이런 사춘기 아이들의 특징을 알아두고 있으면 아이들의 변화를 조금 더 넓은 시각으로 이해할 수 있습니다. 내 아이만 겪는 특별한 일이 아니며 반항의 뜻이나 고의를 가지고 하는 행동도 아닙니다. 이 시기를 지나가는 과정에서 정상적으로 겪는 일이라고 받아들이는 자세가 중요합니다.

**실전 TIP**

# 자존감을 지키는 말들 vs 조심해야 할 말들

### 자존감을 높이는 따뜻한 말들

- "그런 모습도 너답다."
- "지금 네 감정도 충분히 이해돼."
- "괜찮아, 다들 그런 시기를 겪어."
- "그건 너만의 속도야. 급할 것 없어."
- "실수해도 다시 해보면 돼. 나는 널 믿어."
- "네가 그렇게 느꼈다니 엄마도 더 잘 알고 싶어."
- "그렇게 선택한 이유가 궁금해. 너의 생각이 궁금해."
- "네가 말할 준비가 될 때까지 기다릴게."
- "이건 네 인생이니까, 네 기준이 중요해."
- "힘든 감정이 드는 것도 너의 일부야. 그걸 감추지 않아도 괜찮아."

### 이런 말은 조심하세요. (자존감에 상처를 주는 표현)

- "다른 애들은 안 그런데 왜 너만 그래?"
- "그렇게 해서 어디 사람 노릇 하겠니?"
- "그걸 네가 알겠어?"
- "아직 어려서 뭘 몰라."
- "네가 뭘 결정해? 엄마 말 들어."

## 보이지 않는 도움 요청
: 아이의 SOS 읽어내기

아이의 변화는 인정하고 받아들여야 하지만 동시에 보이지 않는 도움 요청에도 민감한 감수성을 갖고 있어야 합니다.

요즘 아이들은 예상보다 더 쉽고 더 조용하게 마음이 무너질 수 있기 때문입니다. 2024년 국민건강보험공단 발표에 따르면, 최근 5년간 아동·청소년(7~18세) 우울증 및 불안장애 진료 건수가 증가했습니다. 전 연령 우울증 및 불안장애 환자가 증가했으나, 그중 10대의 증가율이 유독 눈에 띕니다. 2024년 상반기에도 이미 수만 명의 아이가 정신과 진료를 받았다는 통계는 이 문제가 더 이상 남의 일이 아님을 말해줍니다. 말없이 견디며 웃는 척했던 아이의 하루하루가 사실은 도움이 필요했던 시간이었음을 너무 늦게 알아차리고 후회하기도 합니다. 그래서 지금 우리에게 가장 필요한 것은 해답이 아니라, "괜찮니?"라고 먼저 손 내미는 따뜻한 마음일지도 모릅니다.

### 갑작스러운 행동 변화

예전과 너무 달라졌다면, 그냥 지나치지 마세요.

평소와 다르게 성적이 크게 떨어지거나, 잠을 지나치게 많이 자거나, 반대로 거의 자지 않는 경우, 말수가 줄어들고 가족과의 대화를 피하려는 태도를 보일 수 있습니다. 이런 행동은 단순한 반항이 아니라 아이가 겪고 있는 스트레스나 불안을 나타내는 신호일 수 있습니다. 어떻게 보면 일반적인 사춘기의 증상과 비슷해 보이기 때문에 잘 살펴볼 필요가 있습니다.

### 감정의 폭발과 침묵

'예민함' 뒤편에 '외로움'이 숨어 있습니다.

사춘기는 본래 감정 기복이 심한 시기지만, 분노, 눈물, 고함, 문 닫기 같은 행동이 도를 넘는 빈도로 반복된다면 그건 '혼자 감당할 수 없는 마음의 표현'일 수 있습니다.

요즘 아이들은 부모 세대보다 더 외로운 환경에서 성장하고 있습니다. 친구의 숫자나 부모의 관심과는 별개로 아이들은 '진짜 나를 알아주는 한 사람'이 절실한 시기를 겪습니다. 친구 관계 속 갈등은 누구나 겪지만, 부모가 정서적 울타리가 되어 줄 때 아이는 다시 관계 안으로 들어갈 힘을 얻습니다.

### 관심의 요청

어른처럼 행동하다가도 어느 순간 아기처럼 굴기도 합니다.

이 시기는 부모의 관심을 끌기 위해 또는 친구들의 관심을 끌려고 의도적으로 부정적인 행동을 하기도 합니다. 일부러 심한 욕을 과하게 한다거나 친구의 뒷담화를 주도하기도 합니다. 이 시기 아이들은 어떤 때는 다 큰 어른인 듯 행동하다가 또 어떤 때는 아주 어린 아이인 것처럼 행동하기도 합니다. 어떤 행동은 아이가 부모에게 자신을 더 이해해 주길 바라는 무언의 요청일 수 있으니, 역시 거리는 두되 아이의 모습을 잘 살펴보고 있을 필요가 있습니다.

사춘기 아이는 말로 감정을 설명하는 데 서툽니다. 대신 행동으로 마음을 표현하려고 하죠. 부모는 그 행동 뒤에 숨은 감정을 읽어주는 사람, 그리고 말없이도 아이의 신호를 알아채는 첫 번째 사람이 되어야 합니다. 아이는 완벽한 대답을 기다리는 것이 아니라, 자신의 감정을 있는 그대로 받아줄 누군가가 곁에 있기를 바라고 있을 것입니다. 부모가 그 조용한 신호를 놓치지 않을 때, 아이는 세상에서 가장 안전한 곳이 아직 '부모'라는 사실을 기억합니다.

실전 TIP

# 일반적인 사춘기 증상 vs SOS 신호 증상 비교

| 증상 | 일반적인 사춘기 증상 | 주의가 필요한 SOS 신호 |
|---|---|---|
| 감정 | 하루에도 몇 번씩 기분이 바뀌고 짜증을 냄 | 이유 없이 우울하거나 감정 기복이 심한 상태가 2주 이상 지속됨 |
| 수면 | 늦게 자고 늦게 일어남 (수면 리듬 변화) | 밤에 거의 자지 않거나, 낮에도 하루 종일 잠만 자려 함 |
| 대화 | 말수가 줄고 혼자 있는 시간이 늘어남 | 말수 줄어듦과 함께 표정, 눈빛, 에너지 자체가 무기력해짐 |
| 학업 | 성적 변화나 공부 거부 (일시적인 무기력) | 예전엔 좋아하던 과목까지도 완전히 손을 놓음, "의미 없다."라고 표현함 |
| 친구 | 친구 관계가 중요해지고 민감해짐 | 친구 관계에 큰 충격을 받았을 때 심한 좌절감, 위축, 외면 |
| 외모 | 외모에 관심 많아지고, 스타일 변화 시도함 | "내가 못생겨서 그래.", "나는 이상해." 등 자기 비하 표현 잦음 |
| 반응 | "귀찮아.", "몰라." 등 무성의한 반응 | "살기 싫다.", "없어졌으면 좋겠어." 같은 위험 언어 사용 |

## 2장

# 혼란 속에서도
# 흔들리지 않는 배움

---

사춘기를 겪는 아이의 가장 큰 변화 중 하나는 학습 태도의 흔들림입니다. 초등학교 때는 엄마가 시키는 대로 비교적 잘 따르던 아이가 중학교에 들어서며 갑자기 무기력해지고 반항적인 태도를 보이기도 합니다. 이 시기를 어떻게 보내느냐에 따라 아이의 학습 습관과 자기 주도성은 완전히 다른 방향으로 흘러갈 수 있습니다. 정서적으로 예민하나 학습적으로 가장 중요한 시기인 이 시기를 부모가 옆에서 지혜롭게 도와주어야 합니다.

1

# 공부보다
# 중요한 건 태도

대부분 중학생은 1학년 때 첫 시험을 치르게 됩니다. 이 첫 시험을 치르는 아이들의 태도는 천차만별입니다.

"선생님, 중학교 성적이 뭐가 중요해요? 어차피 고등학교 내신으로 대학 가는 거잖아요. 그냥 학교 공부보다 학원에서 하는 선행 진도만 따라가면 되는 거 아니에요?"

위에 형제가 있는 아이들은 이런 말을 하기도 합니다.

"선생님, 저 진짜 성적 잘 받고 싶은데 어떻게 공부해야 하는지 정말 모르겠어요."라고 말하는 아이들도 있습니다.

사춘기에는 뇌와 호르몬의 변화로 인해 수면시간이 늘어

나고 집중력도 떨어집니다. 이는 단순한 게으름이 아니라, 생물학적으로도 아이가 감당하기 어려운 급변의 시기라는 뜻입니다. 실제로도 초등학교 때는 정말 똘똘하고 책도 잘 읽던 아이가 이 시기에 다른 아이가 된 듯이 집중력도 약해지고 이해력도 떨어져 보이는 경우가 많습니다.

"네가 지금 급성장기에 있어서 그럴 수는 있어. 하지만 좀 더 효율적인 방법은 분명히 있어. 우리 같이 그 방법을 좀 찾아보자. 핸드폰을 늦게까지 하면 안 그래도 잠이 오는데 수업 시간에 더 잠이 오겠지? 그러니까 핸드폰 충전은 거실에서 하고 밤에 침대에는 안 가지고 가면 어떨까?"

위처럼 구체적인 방법을 함께 의논해 보고 결정해 주시면 좋습니다.

또한, 사춘기는 아이들이 학습 동기의 중심이 되는 요소가 변화하는 시기입니다. 이 과정은 단순히 외부 환경에 반응하던 아이가 스스로 내적 가치를 탐구하며 주체적으로 행동하기 시작하는 중요한 전환점을 의미합니다. 예를 들면 초등학교 때까지 부모님이나 교사의 칭찬, 적절한 보상 등으로 움직이던 아이가 이 시기를 지나며 이런 외부동기에 회의를 느끼기 시작하기도 합니다.

"내가 왜 이 공부를 해야 해요?"

많이 들어본 질문일 것입니다. 어떤 대답을 해도 계속 꼬리에 꼬리를 물며 질문을 해대서 화가 난다는 부모님도 많이 계십니다. 바로 외부동기에서 내부동기로 넘어가는 단계에 우리 아이가 있기 때문입니다. 이는 단순한 반항이 아니라 내면의 의미를 탐색하려는 성장의 신호입니다. 외부동기와 내적 동기는 배타적이지 않습니다. 초기에는 외부동기를 사용해 아이가 학습에 흥미를 느끼도록 유도하고, 점차 내적 동기로 전환하도록 돕는 것이 중요합니다. 외적 동기를 무시하거나 무조건 내적 동기로만 가야 한다고 생각할 필요는 없습니다. 현실적으로는 외적 동기를 적절히 활용하면서 내적 동기로 자연스럽게 전환되도록 돕는 것이 중요합니다.

예를 들어, 초반에는 "이거 끝내면 30분 게임 가능." 같은 현실 보상도 활용하고, 동시에 "넌 어떤 방식이 제일 잘 맞는 것 같아?", "어떨 땐 공부가 좀 덜 힘들어?" 같은 질문을 통해 자기 이해를 유도하면 내적 동기를 끌어낼 기반이 생깁니다.

사춘기의 학습 동기는 흔들리기 쉽지만, 이 시기를 적절히 관리하면 아이는 스스로 동기를 찾고 지속할 수 있는 학습 태도를 갖추게 됩니다. 중요한 것은 부모와 교사가 아이의 속도와 변화를 존중하며 지지하는 것입니다. 사춘기의 흔들림은 학습을 멈춰야 할 시점이 아니라 학습을 자신의 힘으로 다시 붙잡게 도와줄 절호의 기회입니다.

**실전 TIP**

# 학습 흔들림에 대응하는 부모의 구체적 대화법

"공부해!" 대신 이렇게 말해 보세요.

## 바꾸기 전

- "왜 이렇게 집중을 못 해?"
- "이제 중학생인데 정신 좀 차려야지."

## 바꿔 말하기

- "요즘 집중 안 되는 이유가 있을까?"
- "지금 네 기분에 맞는 공부 방법이 뭘까 같이 생각해 보자."
- "네가 정하면 엄마는 도와줄게."

## 2

# 중학교 성적,
# 숫자보다 의미를 읽어라

첫 아이가 중학교에 입학하면 엄마도 아이만큼 불안감이 커집니다. '자유 학년제'다, '자유 학기제'다 계속 바뀌다 보니, 첫 시험을 언제 치르게 될지도 명확하지 않은 채 첫 관문 같은 시험에 대한 두려움이 생깁니다.

'중학교 성적은 대학에 반영도 안 된다는데, 얼마나 신경 써야 할까?'라는 의문도 생깁니다. 하지만 중학교 성적은 단순한 수치 이상의 의미를 갖습니다. 이 시기의 평가와 경험은 고등학교, 나아가 삶 전체의 학습 태도와 연결되기 때문입니다.

사춘기는 자아 정체성이 형성되는 시기입니다. 아이들은 자신을 또래와 비교하며 공부 잘하는 아이인지 아닌지를 판단하기 시작합니다. 주변 친구들이나 선생님의 시선도 의식합니다. 이 시기 성적은 단순한 수치가 아니라 아이의 공부 자존감에 직접적인 영향을 줍니다. 한두 번 좋지 않은 결과로 자신을 "나는 안 되는 아이야."라고 낙인찍는 경우도 많습니다. 부모가 이때 같이 무너지는 것이 아니라, "다시 해보자." 하는 가능성을 심어주는 존재가 되어야 아이는 회복할 힘을 얻습니다.

## 고등 공부의 기초가 되는 중등 과정

너무나 당연한 이야기이지만 많은 아이가 간과하는 것이 있습니다. 바로 고등학교 공부의 기초는 중학교 과정에서 시작된다는 점입니다. 초중고 교과서는 각 분야의 전문가가 심혈을 기울여 만든 교재입니다. 초등부터 고등까지 체계적으로 설계되었습니다. 특히, 중학 과정은 처음 배우는 개념이 많아서 학교 선생님들께서 친절하고 상세히 설명하며 수업을 진행합니다.

그러나 고등학교부터는 다릅니다. 초중등 과정을 모른다

고 해서 다시 기초부터 설명하고 고등 과정을 진행할 여력은 없습니다. 중등 교과 과정에 구멍이 있으면 안 되는 이유가 명확합니다. 그런데도 이 부분을 간과하고 선행에만 더 초점을 두는 경우가 많습니다. 선행이 꼭 나쁜 것은 아닙니다. 역량이 되는 아이들이 현행 과정을 잘 마스터하고 나서 미리 공부해 두어 나쁜 것은 없습니다. 하지만 무엇이 우선인지를 먼저 생각해야 합니다. 고등학교 공부의 성패는 중학교 과정에서 얼마나 탄탄한 기초를 다졌는지에 달려 있습니다. 중학교는 고등 학습을 지탱하는 '기초 체력'과 '개념의 뼈대'를 만드는 시기입니다.

## 공부 근육 만들기

고등학교는 거의 매달 시험이 이어지고 학습량도 중학교와는 비교도 되지 않을 만큼 많아집니다. 이렇다 보니 중학교에서 공부 근육을 제대로 만들어 놓지 않은 아이들은 고등 공부량을 감당하지 못합니다. 각 과정에 맞게 모든 과목을 공부해 내는 체력을 키워가야 하는데, 시험 과목 중 자신 없거나 중요하지 않다고 생각하는 과목을 골라 '버리기'부터 하는 아이들이 많아 안타깝습니다. 하지만 고등학교에서 모든 과목을 꾸준히 공부해야 하는 현실을 생각하면 이런 태도는 장기적으로 학습에 큰 걸림돌이 될 수 있습니다.

이 시기에 모든 과목에 최선을 다하며 꾸준히 학습하는 습관을 만들어 놓는 것은 필수적입니다. 중학교에서 다양한 과목을 포기하지 않고 끝까지 노력해 보는 경험은 고등학교의 방대한 학습량과 난도를 소화할 수 있는 학습 체력과 집중력에 도움이 됩니다. 중학교 시기는 그 공부 근육이 자랄 수 있는 절호의 기회입니다. 지금 아이들이 꾸준함과 책임감을 배우며 학습 근육을 단련한다면 고등학교라는 더 큰 도전 앞에서도 흔들리지 않고 나아갈 수 있을 것입니다.

### 중등 과정은 중요한 연습 과정

중학교는 고등학교를 준비하는 중요한 연습 과정입니다. 시험을 잘 보기 위한 전략을 세우고 차근차근 문제를 해결해 나가는 경험은 이 시기에 꼭 필요합니다. 플래너도 작성해 보고, 노트 필기도 여러 방법으로 해보며 자신만의 방법을 찾아야 합니다. 고등학교 시기는 중학교 시기보다 더 부모의 관여가 성적에 영향을 주기 어렵습니다.

　방법적인 면에서도 중학교 시기에 다 경험을 해보는 것이 좋겠습니다. 과외, 인터넷 강의, 대형 학원, 소형 학원, 혼자 하는 공부 모두 경험해 보며 자신에게 가장 잘 맞는 공부 방법을 찾아 고등학교 입학 전에 자신만의 공부 스타일을 파악해 놓는 것이 중요합니다. 이렇게 방법을 찾아가면서 문제점과 해결 방법을 찾고 성적 상승도 경험해 보면 공부 자존감도 올라갑니다. 성적이 오르는 과정을 통해 아이들은 '나는 해낼 수 있다'라는 자신감을 얻게 되고, 이는 고등학교에서의 학습에도 긍정적인 영향을 미칩니다.

　결국 중학교 과정은 고등학교 학습을 대비하는 연습의 장이다. 중학교 시기를 충분히 활용해 자신만의 플래너 작성 습관, 학습 방법을 만든다면 고등학교 진학 후 흔들리지 않고 나아갈 수 있을 것입니다.

### 실천 TIP

# 플래너 작성을 위한 구체적인 팁

#### "계획"보다 "기록"을 중심에 두기

아이들은 처음엔 계획대로 되지 않으면 금세 자신감을 잃습니다.
계획 → 실천 → 기록 → 피드백의 순환구조로 훈련하는 것이 좋습니다.

#### 하루 한 줄 목표 정하기

공부 시작 전, 오늘 꼭 해내고 싶은 한 가지를 한 줄로 씁니다.
예) "사회 2단원 요약 끝내기"

#### 공부할 수 있는 시간 눈으로 확인하기

하루 중 혼자 공부할 수 있는 시간이 얼마나 되는지 직접 작성해서 눈으로 확인하는 게 좋습니다.

#### 공부한 과목은 '시간'이 아닌 '결과'로 기록

시간보다 '무엇을 했는가'가 더 중요합니다.
예)

| 과목 | 오늘 한 것 | 느낀 점/메모 |
| --- | --- | --- |
| 수학 | 3단원 개념 정리 + 개념 문제 열 문제 | 오답 많음, 개념 공부를 다시 해야겠음 |
| 국어 | 시 개념 공부 | 지금까지 모르고 있는 개념이 많았음 |

2장 혼란 속에서도 흔들리지 않는 배움

3

# 사교육 현명하게 활용하는 법

저는 사교육업에 종사하고 있지만, 사교육에 대해 누구보다 객관적으로 바라보고자 합니다. 어느 글에선가는 '초등에서 사교육은 다 필요 없다.'라는 문구도 보이고, 사교육을 통한 선행을 안 하면 큰일 날 것처럼 말하는 공포 마케팅도 자주 접하게 됩니다. 사교육에 있어서뿐만 아니라 삶의 어떤 일에서도 너무 한쪽 면만을 바라보는 것은 위험합니다. 저는 사교육에 부정적인 시각을 가지고 있던 사람이었습니다. 엄마표만으로도 충분히 자기 주도 학습력을 갖춘 아이로 키워 낼 수 있다고 믿었었습니다. 물론 아이의 사춘기 앞에서 학업 성적보다 '관계'가 우선이라는 사실을 깨닫기 전까지였습니다. 부모의 말이 더 이상 아이에게 가닿지 않을 때 저도 사교육의 도움이 필요했습니다. 제가 본격 사교육업을 시작하게 된 이유는 사교육을 정말 현명하게 활용할 수 있는 방법이 있음에도 많은 부모님과 아이들이 사교육에 학습 주도권을 넘긴 채로 학창 시절을 보내는 모습이 안타까웠기 때문입니다. 사교육은 활용하는 것이지 사교육이 아이 교육의 주체가 되어서는 안 됩니다.

### 문제는 사교육 자체가 아니라 '불안 중심의 선택'

저는 "습관적으로 멀리 보는 연습을 해야 합니다."라는 말을 자주 합니다. 아이들의 학습에 있어서 아이와 부딪히는 가장 큰 원인은 엄마의 불안감입니다. 그 불안감을 수시로 덜어내기 위해 멀리 보는 연습을 해야 합니다. 사교육을 선택하는 데도 목적이 분명해야 합니다. 저 또한 아이들이 초등학교 1학년 때부터 학군지에서 아이를 키우고 있다 보니 다른 아이는 모두 다 달려가는데 내 아이만 기어가는 것 같은 불안감의 무게도 잘 알고 있습니다.

사교육이 전혀 필요하지 않다는 이야기도 현실과 맞지 않습니다. 학교 공부만으로 스스로 부족하다고 느끼는 과목이 있거나 공부하는 방법을 모르고 있다면 사교육의 도움을 빌려 아이를 도와주는 것은 괜찮습니다. 제가 만났던 아이 중에서 "조금만 더 빨리 이렇게 공부하는 방법을 알았더라면 제 인생이 달라졌을 것 같아요."라는 말을 했던 아이들도 있었습니다. 중요한 것은 분별력입니다.

## '내 아이' 중심으로 보기

사교육을 선택할 때 가장 중요한 기준은 내 아이여야 합니다. 그러기 위해서 내 아이를 이해하는 것이 사교육 선택의 출발점이 되어야 합니다. 내 아이가 선생님과의 유대관계가 중요한 아이라면 아이의 마음부터 잘 케어해 줄 수 있는 선생님을 만날 수 있는 학원으로 가야 합니다. 그런 부분과 상관없이 진도를 끌어올려 줄 수 있는 선생님을 원하는 성향이라면 그런 곳을 찾으면 됩니다. 선생님과의 관계, 동기부여보다 수업내용 보충만 필요한 아이라면 인터넷 강의를 찾아 들으면 됩니다. 물론, 이미 강한 동기도 있고 의지력도 강한 아이라야 가능한 이야기이겠지요.

초중등 아이들에게는, 특히 사춘기 아이들에게는 그런 강의가 필요하기보다는 아이들을 잘 이끌어 줄 수 있는 멘토 같은 존재가 더 필요할지 모릅니다. 제가 만나는 아이 중에서도 그런 멘토가 필요해 보이는 아이들이 참 많습니다. 그 멘토도 아이와 성향이 잘 맞아 아이에게 동기부여를 잘해 줄 수 있는 선생님이면 더욱 좋겠습니다.

또 외향적인 아이와 내향적인 아이에게 맞는 방법이 다를 수 있습니다. 우리 집 아이들은 쌍둥이지만 한 아이는 외향적이고 한 아이는 내향적이라 늘 방법적인 면에서 고민하게 됩니다. 결국, 사교육 선택에서 중요한 것은 유행이나 다른 사람의 기준이 아니라 내 아이입니다.

## 진정한 자기주도학습이란

저는 학원을 운영하고 있지만, 늘 자기 주도 학습력을 강조합니다. 자기주도학습이란 무조건 사교육 도움 하나 없이 모든 걸 스스로 하라는 말이 아닙니다. 오히려 스스로 학원을 선택하고, 지금 필요하지 않은 학원을 제외하면서 학습 전반의 계획을 스스로 세우고 실천하는 능력을 기르는 것을 말합니다.

 예를 들어 보겠습니다. 수학 학원은 '수학 성적 향상'이라는 분명한 목표를 맡습니다. 그 과정에서 아이의 전체 일정이나 다른 과목의 공부량까지 세밀하게 조율하기는 어렵습니다. 수학 학원은 필요한 만큼의 과제를 부여하고, 아이에게 그만큼의 시간을 투자하게 합니다. 문제는 아이가 수학 시험만 보는 것이 아니라는 점입니다. 결국 모든 과목의 균형을 잡는 일은 각 과목 학원이 아니라 아이 스스로 해야 합니다.

 다만 처음부터 스스로 조절하기는 쉽지 않습니다. 이때 부모는 '감독'이 아니라 '코치'로서 곁을 지켜야 합니다. 아이가 학원 숙제를 버거워하지는 않는지, 난도가 지나치게 높거나 진도가 너무 빠르지는 않은지, 단순한 투정으로 치부하지 말고 한 번 더 세심하게 살펴봐 주세요. 아이의 전체 학습을 함께 점검하고, 과목 간 시간 배분을 조정해 주는 것이 지금 필요한 부모의 역할입니다.

## 이 시기, 학원은 꼭 학습 보충만을 위한 공간이 아닙니다

제가 운영하는 학원에는 유독 '가르치는 일'을 직업으로 가진 부모님들이 많습니다. 그들이 한결같이 하는 말이 있습니다. "내 자식은 내가 못 가르쳐요." 그 말에는 자녀의 학업 문제 앞에서 감정을 빼고 객관적으로 바라보기 어렵다는 부모의 솔직한 마음이 담겨있습니다. 저 또한 사춘기 아이를 마주하며 똑같이 겪었던 어려움이었습니다.

아이가 사춘기에 접어들면 부모는 자연스레 거리가 생깁니다. 그때 아이는 부모에게 다 말하지 못하는 학업 고민을 품기도 하지요. 그럴 때 믿고 의지할 수 있는 어른이 곁에 있다면, 아이는 훨씬 안정적으로 성장할 수 있습니다.

제 아이들도 저에게 말하지 못하는 이야기를 과외 선생님이나 학원 선생님과 나누며 마음의 짐을 덜어낼 때가 있었습니다. 그 모습을 보며 정말 다행이라고 생각했습니다. 동시에 저도 그런 어른이 되어 주고 싶다는 마음을 품었습니다.

부모에게 반감이 생기고, 세상이 낯설게 느껴지는 사춘기. 이 시기에 아이가 학원을 '공부하는 곳' 그 이상으로 활용한다면, 학업의 고민뿐 아니라 마음의 균형도 함께 배워갈 수 있을 것입니다.

### 계획은 함께 짜고, 실행은 아이가 하게 하세요

2028 교육과정은 창의 융합형 인재를 양성하는 것을 목표로 하고 있습니다. 모든 교과 과목을 잘 계획하고 운영할 줄 아는 것도 아이에게 꼭 필요한 자질입니다. 중학교 첫 시험을 치르는 아이라면 부모가 옆에서 어떤 과목은 학원 도움이 필요하고, 어떤 과목은 혼자 할 수 있는지, 시간 배분은 어떻게 하는 게 좋을지 등을 의논하여 계획을 짜는 정도를 함께 해 주시면 좋습니다. 한두 번 그렇게 계획표를 짜고, 결과를 놓고 함께 분석해 보면서 아이가 스스로 학원 선택을 할 수 있도록 기회를 줍니다. 한두 번의 도움으로 아이가 스스로 자리를 잡아간다면 부모는 한 걸음 뒤로 물러나 아이의 독립적인 학습을 응원하면 됩니다.

사교육은 학습을 도와주는 도구이지, 아이의 전부를 대신해 줄 수는 없습니다. 그리고 사교육은 비용입니다. 많이 쓸수록 좋다는 보장이 없으며, '가성비'가 아닌 '가치비'를 따져야 하는 투자입니다. 사교육비를 효과적으로 지출하며, 아이들 세대와 부모 세대의 모든 미래가 안정적이었으면 합니다. 사교육비 지출도 전략이 필요합니다. 꼭 필요한 것들을 주고받으며 아이들 세대가 바르게 성장하도록 돕는 일은 부모 세대의 공통 과제라고 생각합니다.

**실전 TIP**

# 사교육 현명하게 선택하는 세 가지 방법

### 아이의 성향 파악하기 - 정서 중심 vs 결과 중심

학원을 선택하기 전에 학원장의 마인드나 교육의 목표를 살펴볼 수 있는 학원 홈페이지 등을 둘러보는 것이 좋습니다. 같은 과목 학원이라도 추구하는 방향은 매우 다를 수 있습니다.

### 전체 학습 스케줄 안에서 균형 고려

사교육은 무조건 많이 한다고 좋은 것이 아닙니다. 과도한 학원 스케줄과 과제에 쫓겨 전체 학습의 균형이 무너지고 있다면 과제량 등을 고려하여 학원을 줄이거나 변경해 보는 것도 필요합니다.

### 학원/강사보다 아이가 주체가 되도록 유도

공부의 주체는 그 누구도 아닌 아이 스스로가 되어야 합니다. 이제 조금씩 학원 선택을 아이 스스로 해보게 하거나 숙제량도 선생님과 직접 상의해 조절해 볼 수 있도록 유도해 주는 것이 좋습니다.

## 부모의 역할
: 코치이자 파트너 되기

1등도, 꼴찌도 모두 불행한 이 순위 경쟁 안에서 조금이라도 평정심을 찾을 방법은 없을까?

초등학교 때까지만 해도 대부분 부모는 '우리 아이는 공부를 못할 거야.'라고 단정하지 않습니다. 하지만 중학교에 들어와 첫 시험을 마주하는 순간, 아이도 부모도 비로소 현실을 체감하게 됩니다. 게다가 중학교에서 대부분 과목에서 A(90점 이상)를 받았다고 해서 무조건 안심할 수도 없습니다. 공부의 방향과 방법이 올바르지 않다면, 고등학교에 올라간 이후 큰 벽을 만나게 될 수 있기 때문입니다.

부모가 무엇을 해주어야 하는지 그 역할에 대해 분명히 정의 내리고 방향을 정립하면 덜 불안할 수 있고 아이와의 관계도 망치지 않을 수 있습니다. 사춘기 아이는 어른도 애도 아닙니다. 어른이 되어 가는 그 터널 안에서 아이도 이리저리 발버둥을 치며 자리를 잡아가는 중입니다. 이때 부모의 역할이 너무 중요합니다.

  이제 학습의 바통은 아이에게 넘겨주어야 할 시기입니다. 아이마다 시기는 조금씩 다를 수 있지만 모든 아이와 부모가 겪어야 하는 과정임은 맞습니다. 학습의 주도권을 초등학교 고학년부터는 조금씩 아이에게 넘겨주는 것이 중요합니다. 학습 습관을 잡는 일에 도움을 주며 학원을 선택하는 기준 등도 부모가 함께 도와주어야 합니다. 아직 뛰어노는 것이 그저 좋은 게 당연한 아이에게 "하고 싶은 것만 하고 살아라."라며 내버려두자는 이야기는 아닙니다. 통제와 자율의 비율을 조절하며 아이에게 바통을 넘기는 연습이 필요합니다.

### 말투를 바꾸면 아이의 주도성이 생긴다

  지금의 공부가 살아가는 데 꼭 필요한 지식인지를 따지는 것보다 중요한 것은 지금 주어진 일에 최선을 다하는 경험을 하는 것입니다. 학생인 아이에게 학업의 과정은 단순히 성적을 위한 것이 아니라 스스로 최선을 다해 도전해 보는 경험을 쌓는 것입니다. 아이에게 이런 이야기를 들려주며 한 발짝씩 앞으로 나아가도록 코치 역할을 해야 합니다.

그 시작은 부모가 쓰는 언어를 바꾸는 것에서 출발합니다. 예를 들어,

"너 이번 시험 90점 이상 안 나오면 학원 바꾼다."

이 말의 주체는 아이가 아닙니다. 아이는 스스로 생각하고 계획하기보다는 부모의 지시에 따라야 한다는 느낌을 받게 됩니다.

"이번 시험 결과가 너는 어때? 만족스럽지 않지? 그럼, 이번에 너는 어떤 방법으로 바꿔보면 좋겠어? 생각해 본 거 있어?"

## "늘 내 편"이라는 신호를 꾸준히 주기

이렇게 대화에서부터 학습의 주체는 이제 부모가 아니라 아이 자신이라는 생각을 심어주어야 합니다. 그와 동시에 아이의 고민을 함께 들어주고 방법을 함께 고민해 줄 엄마 아빠가 있다는 사실을 상기시켜 주는 것이 중요합니다. 아이가 도움이 필요할 때 언제든 손을 내밀 수 있도록 평소에 지속적인 대화와 신뢰를 쌓는 관계를 유지해야 합니다.

## 아직 자라는 중이다

이 시기에 아이는 지금껏 한 번도 말하지 않은 엉뚱한 진로나 목표를 이야기할 수도 있습니다. 진로를 빠르게 정하는 것도 중요한 일이지만 꼭 이 시기에 선택한 진로대로 아이가 자라지는 않습니다. 갑자기 말도 안 되는 진로를 말해도 그냥 지나가는 꿈일 가능성도 큽니다. 이럴 때 부모가 너무 진지하게 받아들이거나 단호하게 부정하는 것은 아이의 자기표현을 억누를 수 있습니다. 그러므로 아이의 말을 존중하며, 함께 대화를 나누는 과정에서 아이가 진정으로 원하는 것을 발견하도록 도와주는 것이 중요합니다.

 부모는 아이가 학습의 주체로 성장할 수 있도록 옆에서 지지하고 방향을 잡아주는 든든한 조력자이자 코치가 되어야 합니다.

**실전 TIP**

# 사춘기 중학생 부모 행동 매뉴얼

### 감정코치가 되어 주세요. (정서 기반 다지기)

- 아이의 기분 변화, 짜증, 침묵을 정서적 신호로 인식하세요.
- "왜 그래?"보다 "요즘 좀 힘들어 보여."로 접근하세요.
- 감정에 이름을 붙여주세요: "지금 속상하지?", "약간 억울했겠구나."
- 무조건 해결하려 하지 말고, 듣고 공감하는 것부터 해주세요.

### 학습 코치가 되어 주세요. (공부 방향 설계)

- 학습을 대신하지 말고, 함께 점검하고 조율하는 역할을 하세요.
- "이번 시험 계획은 네가 세워볼래?"
- "시간표 짤 때 어떤 과목을 먼저 넣고 싶어?"
- 아이의 판단을 믿고, 조언은 짧고 명확하게 해주세요.

### 대화 파트너가 되어 주세요. (언제든 말 걸 수 있게)

- 아이와의 대화는 질문보다 분위기가 먼저입니다.
- 식사 중, 산책 중, TV 보면서 가볍게 한 마디씩 툭 던지세요.
- "오늘 하루 어땠어?" 대신 "오늘 기분은 몇 점짜리였어?" 같은 부담 없는 질문이 효과적입니다.

### 자율성 지지자가 되어 주세요. (결정 권한 넘기기)

- 학원, 공부 시간, 과목 선택 등에 대해 처음부터 끝까지 엄마가 정하기보다는, "넌 어떻게 생각해?"를 먼저 묻는 습관을 들이세요.
- 아이가 실패하거나 느리게 가더라도 통제보다 기다림으로 반응하세요.

### 진로 가이드가 되어 주세요. (꿈이 자라는 배경 되기)

- 엉뚱한 진로나 즉흥적 목표도 일단 수용하세요.
- "그건 현실적으로 힘들어." 대신 "그 꿈, 어떤 계기로 생각하게 됐어?"
- 대화하면서 아이 스스로 깊이 고민하게 유도하세요.

### 믿을 수 있는 사람이 되어 주세요. (심리적 안전망 구축)

- 아이가 실수해도 "괜찮아, 다시 해보면 돼."라고 말해주세요.
- '나의 실수 = 나의 무가치함'이라는 결론으로 가지 않고, 끊임없이 존재를 인정하고 안심시켜 주는 말을 전하세요.

## 3장

# 책, 여전히 사춘기의 든든한 친구

살면서 책을 가까이해야만 하는 가장 큰 이유는 책이 삶에 도움이 되기 때문입니다. 책은 좋은 삶을 살기 위한 여러 도구 중에 강력한 도구입니다. 제가 지향하는 독서도 한 권의 책을 통해 내 삶을 원하는 방향으로 1도라도 옮겨 놓는 것입니다. 사춘기는 이러한 독서를 시작하기에 최적의 시기입니다. 사춘기 시기 아이들은 이제 책을 읽고 삶에 적용하는 독서를 시작하기에 딱 알맞은 나이입니다. 이 시기에 책을 완전히 놓으면 성인의 독서로도 이어지지 않습니다.

# 1

# 혼란의 시기, 독서가 빛나는 이유

## 어른보다 책이 더 말이 통할 수 있는 시기

헤르만 헤세는 "책은 우리의 삶에서 가장 큰 스승이며, 읽는 자에게 길을 알려준다."라고 했습니다. 사춘기 아이들은 부모를 포함하여 어른의 말에 반감을 갖는 시기입니다. 옳고 그름에 대한 생각이나 내 삶의 방향 등으로 머릿속은 복잡한데, 어른의 말이 와닿지를 않습니다. 그럴 때 책이 아이의 스승이 되면 좋겠습니다. 책은 생각을 강요하지도 혼내지도 않습니다. 좋은 책 한 권을 읽고 어떤 한 줄이 아이에게 깨달음을 주는 스승이 될지 모릅니다. 이왕이면 수년 동안 검증된 고전을 읽으면 더욱 좋겠습니다. 시간이 많이 흘러도 변하지 않는 가치와 생각을 따라가다 보면 사춘기 아이의 방황에 도움이 될 것입니다.

## 감정적 안정과 자기 성찰

독서의 중요한 기능 중의 한 가지는 감정적 안정과 자기 성찰입니다. 독서는 우리의 감정을 이해하고 심리적 안정감을 찾는 데 도움을 줍니다. 이 시기 친구밖에 모르고 친구에게 목숨을 거는 것같이 보여도 막상 깊은 고민은 누구에게도 잘 터놓지 못하는 아이가 많습니다. 부정적인 감정을 비롯한 수많은 감정을 겪으며 실은 아이도 불안합니다. 감정에는 맞고 틀림이 없음에도, 사랑하는 부모님에 대해, 내가 사는 세상에 대해 드는 부정적인 감정들에 죄책감을 느끼기도 합니다. 처음 느껴보는 이 감정의 실체조차 몰라 당황스러울 수 있습니다. 그럴 때도 역시 책이 길잡이가 될 수 있습니다. 나와 비슷한 감정을 느끼는 타인을 보며 안정감을 찾아갈 수 있습니다. '나만 그런 게 아니구나, 내 이런 감정이 이상한 게 아니구나.' 같은 안정감은 이 시기를 지나는 아이들의 성장에 큰 도움이 됩니다.

## 비판적 사고 능력 향상

독서는 우리의 사고를 자극합니다. 박웅현 작가의 『책은 도끼다』라는 책의 제목은 프란츠 카프카의 말에서 영감을 얻었다고 합니다.

*"책은 얼어붙은 감수성을 깨는 도끼가 돼야 한다."*

*- 프란츠 카프카*

아이와 어른의 중간단계에 있는 사춘기 아이들은 이 시기에 사고를 깨고 넓히는 경험이 필요합니다. 책을 읽으면서 몰랐던 세상에 대해 알아가고 지금껏 해보지 않았던 생각을 읽어내야 합니다. 또, 동의가 되지 않는 부분들도 찾아보고 그 갭 사이에서 내 생각을 정립해 가는 과정도 겪어야 합니다. 딸과 함께 한 편의 에세이를 같이 읽은 적이 있습니다. 저는 너무 공감하며 읽었고, 아이는 특정 부분에 잘 동의가 되지 않는다고 했습니다. 아이와 함께 작가에 대해 찾아보았습니다. 작가의 나이, 배경 등을 살펴보고 나서 아이는 그런 배경을 가진 작가라면 이런 생각을 했을 수도 있겠다고 했습니다. 비판적 사고 능력을 향상할 수 있는 적기가 바로 사춘기입니다.

## 시공간을 초월한 다양한 만남

독서는 과거와 현재, 미래의 인물들과 대화할 수 있는 시간여행과도 같습니다. 데카르트는 "책을 읽는 것은 글쓴이와 대화하는 것이다."라고 했습니다. 책을 통해 철학자, 과학자, 수학자도 만날 수 있고, 소설 속에서 다양한 성격의 주인공도 만날 수 있습니다.

이 시기 아이는 특히 주변 환경에 큰 영향을 받습니다. 친구가 욕을 쓰면 따라서 하기도 하고, 친구가 이성 친구를 사귀면 나도 따라 해보고 싶습니다. 물리적인 환경뿐만 아니라 보고 듣는 환경 또한 큰 영향을 끼칩니다. 좋은 영향을 줄 수 있는 책을 가까이하면 사춘기 아이들이 조금 더 안전하게 이 시기를 지날 수 있습니다.

2

# 문해력은
# 생각의 근육이다

**교과서를 제대로 읽지 못하는 아이들**

최근 문해력 저하가 중요한 사회적 화두로 떠오르고 있습니다. 지금 사춘기를 겪는 아이들은 초등학교 입학을 전후로 하여 코로나를 겪은 세대입니다. 이 역시 한 가지 요인으로 작용했을 것입니다. 최재붕 교수님은 『포노 사피엔스』라는 책에서 우리 아이들 세대를 오장 육부가 아닌 오장 칠부를 가진 세대라는 표현을 썼습니다. 태어날 때부터 스마트 기기와 함께 살아가는 세대이기에 스마트폰을 하나의 장기처럼 꼭 휴대하고 다닌다는 말입니다. 이제는 이러한 디지털 환경을 억제하기보다는 이를 효율적으로 사용하는 방법을 가르치는 것이 더욱 중요한 과제가 되었습니다.

최근 숏폼 콘텐츠가 각종 SNS를 장악하며 정보 전달 방식에도 큰 변화를 불러왔습니다. 긴 드라마나 영화 한 편을 다 보는데도 인내심이 요구된다고 할 정도입니다. 1~2분 이내에 자극적이고 흥미로운 정보를 전달하는 숏폼 콘텐츠에 익숙해진 아이들에게 긴 글을 읽는 독서는 점점 더 힘든 활동이 되고 있습니다. 이런 디지털 환경 속에서도 독서는 더욱 여전히 중요합니다.

학원으로 연락을 주시는 어떤 부모님은 "우리 아이가 교과서에 나온 이런 문장도 이해하지 못해서 정말 놀랐습니다."라고 할 정도로 문해력이 심각하다고 이야기합니다. 우리 때는 이런 사교육을 하지 않아도 다 읽고 이해했던 교과서인데 도대체 이게 무슨 일이냐고 당황스러워 합니다. 이는 아이들의 잘못이 아니라 환경 변화가 만든 결과로 보는 것이 타당합니다.

독서와 문해력이 직접적인 상관관계가 있느냐를 두고 많은 전문가의 의견이 갈리기도 합니다. '독서만 많이 하면 누구나 문해력이 좋아져서 좋은 성적을 받는다.'라는 명제에는 이견이 있을 수 있습니다. 좋은 성적을 얻기 위해서는 문해력 외에도 과제 집착력, 끈기, 성실성, 효율적인 시간 활용 등 더 많은 것들까지 수반되어야 합니다. 그러나 독서가 문해력을 향상하는 데 도움이 된다는 사실은 부인할 수 없습니다. 다음은 독서를 통해 문해력이 향상될 수밖에 없는 이유입니다.

## 어휘력과 표현력 향상

독서는 어휘력을 기르는 핵심 도구입니다. 다양한 책을 읽는 과정에서 새로운 단어와 표현을 습득하게 됩니다. 문맥 속에서 단어의 의미를 파악하며 어휘력이 늘고 이는 곧 문장을 더 정확히 이해하는 문해력으로 연결됩니다. 풍부한 어휘는 자신이 읽은 내용을 다른 사람에게 전달하거나 글로 표현하는 데도 중요한 역할을 합니다. 이는 시험 문제를 이해하거나 논술형 답안을 작성하는 데 역시 큰 도움이 됩니다. 우리가 일상생활 속에서 사용하는 단어의 수는 생각보다 매우 적습니다. 독서를 통해서 배운 어휘를 활용하는 방법으로 필사를 활용하면 좋습니다. 문장력과 어휘력을 동시에 기르는

데 효과적입니다. 책을 많이 읽은 아이는 글을 쓸 때 어색한 문장을 줄이고, 표현을 자연스럽게 다듬는 능력이 생깁니다. 이는 물론 글쓰기 연습을 통해서 더욱 구체화하기는 하지만, 독서로 다져진 아이들은 금세 자신의 문장에서 이상한 부분을 발견하여 수정해 내는 힘을 가지고 있습니다.

### 논리적 사고력 (추론과 맥락 이해 능력)

독서는 논리적 사고력을 강화합니다. 이야기 전개와 인과관계를 이해하면서 논리적으로 사고하는 방법을 배우고, 비문학 독서를 통해 정보 분석과 주제 파악 능력을 키울 수 있습니다. 많은 매체에서도 다루고 있듯이, 이 시기에는 더욱 인물이 많이 나오는 소설이니 구조가 복잡한 소설을 읽는 것도 좋습니다. 꼭 비문학을 읽어야만 논리적 사고력이 강화되는 것이 아닙니다.

셰익스피어의 4대 비극을 초등 고학년 아이들과 함께 수업할 때입니다. 네 편의 작품 중에 『리어왕』을 특히 어려워하는 아이들이 있었습니다. 리어왕과 세 딸의 이야기로 시작하여 세 딸의 남편이 모두 등장하고, 또 리어왕의 충신인 글로스터 백작과 두 아들이 등장합니다. 집중해서 이야기를 읽지 않으면 앞에서 읽었던 인물이 기억나지 않아 다시 앞으로 돌아가 확인하는 과정들도 거쳐야 합니다. 또한 이야기의 인과 관계도 논리적 사고를 통해 이해해야 그 흐름을 이해할 수 있습니다. 이렇게 인물이 많이 나오는 이야기의 경우 인물 관계도를 그리면서 읽어보도록 지도해 주면 아이들의 이해도와 사고력도 함께 향상될 수 있습니다.

문학 독서를 통해 이야기의 전개와 인과 관계를 이해하면서 논리적으로 사고하는 방법을 배우고, 또 비문학 독서를 통해서는 정보 분석과 주제 파악 능력을 키울 수 있습니다.

### 집중력과 인내심 향상

독서는 일정 시간 동안 집중해서 글을 읽어야 하므로 자연스럽게 집중력을 키울 수 있습니다. 책을 읽기 시작하면 금세 잠이 든다는 아이들도, 흥미로운 이야기를 만나면 2~3시간 집중해서 읽기도 합니다. 숏폼에 익숙해져서 긴 영화나 드라마를 보지 못하는 것과 같은 맥락으로 짧은 글만 보는 것보다 긴 글을 완독하는 과정에서 인내심과 끈기를 길러나갈 수 있습니다.

# 3

# 책으로
# 다시 소통하기

 사춘기 자녀와의 소통은 부모에게 쉽지 않은 도전이지만, 이 시기의 대화가 아이의 성장에 중요한 역할을 합니다. 감정의 기복이 심하고 독립적인 성향이 강해지는 사춘기 아이들은 부모와의 대화를 피하거나 단절하려는 모습을 보이기도 합니다. 하지만 이럴 때일수록 부모와 아이 간의 연결을 유지하기 위한 소통이 중요합니다. 그중에서도 책을 활용한 소통은 효과적인 방법이 될 수 있습니다.

 책은 정보 전달이나 지식을 쌓기 위한 것이 아니라 아이와 부모가 함께 생각하고 이야기할 수 있는 공감의 매개체가 됩니다. 특히 사춘기 아이들과의 대화에서 책은 다음과 같은 힘을 발휘합니다.

## 공감의 장을 열어준다

 책 속에는 다양한 인물과 상황이 등장합니다. 사춘기 아이가 경험하고 있는 문제나 감정을 간접적으로 보여 줍니다. 사춘기 아이들이 겪고 있는 혼란이나 불안에 대해 표현하기 어려울 때 비슷한 이야기를 담은 책은 큰 위안이 될 수 있습니다.

 책을 읽으며 아이는 자신이 혼자가 아니라는 안도감을 얻을 수 있습니다. 동시에 부모와 함께 이야기를 나누며 공감대를 형성할 수 있습니다. 부모도 이해하지 못했던 아이의 마음을 알게 되는 계기가 될 것입니다.

## 대화의 시작점을 제공한다

 사춘기 아이와의 대화는 종종 시작 자체가 쉽지 않습니다. "학교 어땠어?"와 같은 질문은 종종 짧고 단순한 답변으로 끝나기 쉽습니다. 반면 책은 자연스럽게 대화를 시작할 수 있는 주제를 제공합니다. 예를 들어, 책 속 인물의 선택이나 갈등

상황을 함께 이야기하며 아이의 생각과 감정을 끌어낼 수 있습니다. 친구 관계로 힘들어하는 아이가 있다면, 『체리새우』를 추천해 주고 싶습니다. 그 작품에서 친구들 사이의 갈등을 이야기하며 "너는 이 중에 어떤 친구가 가장 힘들어 보였어?"라는 질문을 던져보면 아이의 대답 속에 마음이 묻어 나올 것입니다. 직접적으로 물었을 때 하지 않았던 이야기들을 이렇게 책 속 이야기로 시작해 보는 것도 좋은 방법입니다.

### 안전한 공간을 제공한다

사춘기 아이들은 자기 생각이나 감정을 솔직히 드러내는 것을 두려워할 수 있습니다. 하지만 책은 아이가 자신의 이야기를 직접 하지 않아도, 등장인물과 상황을 통해 간접적으로 자신의 감정을 표현할 기회를 제공합니다. 이런 상황은 아이가 부모에게 더 편안하게 마음을 열도록 돕습니다. 또한 책 속의 표현을 통해 자신도 몰랐던 감정을 발견할 수 있습니다. 자신의 애매했던 감정에 이름을 붙여볼 수도 있습니다. 그 과정을 통해 자신의 감정을 명확히 이해하고 어떤 문제를 해결하는 실마리를 제공하기도 합니다.

책은 사춘기 아이와의 대화에서 큰 힘을 발휘합니다. 그렇다면 어떤 책을 선택하고 그 책을 어떻게 대화의 시작점으로 활용할 수 있을까요? 이 방법은 부모와 자녀 모두에게 더 깊은 이해와 소통의 기회를 만들어 줍니다.

II

# 다시 책을
# 잡게 하는 방법

## 아이와 함께 책 선택하기

사춘기 아이는 자신만의 관심사와 취향이 분명합니다. 부모가 일방적으로 책을 추천하거나 강요하면 오히려 거부감을 줄 수 있습니다. 여기저기에서 볼 수 있는 필독서라고 해서 반드시 다 읽어야 하는 것은 아닙니다. 가장 좋은 책은 아이가 흥미를 느껴 푹 빠져볼 수 있는 책입니다.

이 시기쯤이 되면 어릴 때 책을 잘 읽던 아이들도 여러 이유로 책과 멀어지는 경우가 많습니다. 정말 독서의 꽃을 피울 수 있는 시기임에도 말이지요. 2부에 소개하는 책들은 저의 독서 코칭 경험을 바탕으로 많은 아이가 흥미를 보였던 책을 엄선했습니다. 부모님도 함께 읽으면 더할 나위 없이 좋겠지만, 다 읽지 못하더라도 소개된 내용만이라도 참고하셔서 아이들에게 권해 보고 이야기를 나눠보셨으면 합니다.

## 부담스럽지 않은 독후 활동 활용하기

모든 책에 대해 독후감을 요구하거나 깊은 토론을 강요하는 것은 오히려 부담을 줄 수 있습니다. 대신 자연스럽게 이야기를 나눌 기회를 만들어 보세요.

예를 들어, "엄마는 이 부분이 인상 깊더라. 너는 어떻게 생각해?"처럼 가벼운 질문으로 대화를 시작할 수 있습니다. 제가 학원에서 자주 활용하는 간단한 독후 활동 중 하나는 책 한 권에서 딱 한 문장을 골라 필사해 보는 것입니다. 필사는 문장력과 어휘력을 키우는 데는 매우 효과적인 방법입니다. 부모님이 한 문장, 아이가 한 문장을 선택해 필사하는 것도 좋은 방법입니다.

학원 아이들이 뽑았던 좋은 문장들 예시입니다.

'비겁하게도 나는 정말 가만히 있었다. 다른 애들이 나를 어떻게 생각할까 두려웠다.'

- 초6 박○현, 『위험한 게임 마니또』를 읽고

'열차가 하늘에 흩어진 별들 사이를 이으며 천천히 달려간다.'

- 중1 유○민, 『세상의 마지막 기차역』을 읽고

'마틸다는 책을 통해 새로운 세계를 여행했고, 아주 흥미로운 삶을 사는 놀라운 사람들을 만났다.'

- 초5 김○원, 『마틸다』를 읽고

또 마인드맵을 자유롭게 그려 보는 것도 좋은 방법입니다. 아이가 이해한 만큼, 느낀 만큼 그리게 두고 부모는 그 결과물을 칭찬하고 공감하며 격려하는 것이 중요합니다. "몇 개 이상 못 맞추면 다시 읽기" 같은 규칙보다는 자유롭고 창의적인 독후 활동이 아이의 흥미를 지속시키는 데 효과적입니다.

세 번째 팁은 친한 독서 친구를 만드는 것입니다. 책을 다 읽고 친구에게 소개하기 위해 자연스럽게 책의 내용을 요약하거나 자기 생각을 정리하게 됩니다. 이 시기에는 부모의 말보다 친구 말이 더 힘을 얻기 때문에 친구와 함께 책을 읽고 나누는 경험은 아이에게 긍정적인 영향을 주는 최고의 방법입니다.

학원에서도 이 방법으로 큰 효과를 보았습니다. 한 친구가 책 추천을 멋지게 잘 해내면, 그 그룹 친구들이 서로 먼저 읽겠다고 가위바위보까지 하는 진풍경도 벌어집니다. 가능하다면 가까운 친구 한두 명과 함께 책을 서로 추천하고 돌려서 보게 하는 것도 좋은 방법입니다. 이 방법은 부모님과의 소통은 물론, 친구와의 관계에서도 긍정적인 영향을 줍니다. 이 시기에 책을 통한 소통은 사춘기 아이들에게 많은 긍정적인 효과를 가져다줄 수 있습니다.

## 부모도 함께 읽고 이야기 나누기

아이에게만 책을 읽게 하는 것보다, 부모도 함께 읽고 느낀 점을 나누는 것이 더 효과적입니다. 부모가 자기 생각과 경험을 공유하면 아이도 자신의 이야기를 꺼내기 쉬워집니다. 이 과정에서 부모는 단순한 조언자가 아니라 동료 독자로서 아이와 연결될 수 있습니다.

 저는 고등학생인 첫째 아이와 여러 번 이런 방법들을 시도해 보았습니다. 독서 수준이 높은 아이는 중학교 2~3학년만 되어도 성인용 비문학이나 순한 성인 소설책도 함께 읽을 수 있습니다. 저는 먼저 책을 읽고 정말 재미있었던 책은 아이가 읽을지 말지는 신경 쓰지 않고 제가 신이 나서 아이에게 이야기하곤 했습니다. 그러면 어느샌가 그 책을 집어 들고 있기도 하고, 또 어떤 책은 전혀 관심을 보이지 않기도 합니다. 중요한 것은 강요하지 않고 자연스럽게 책과 아이의 관심을 연결해 나가는 것입니다.

### 실행할 만큼의 목표주기

 저는 큰아이 초등학교 때, 다른 건 못해도 독서 1시간은 매일 꼭 고수하도록 하는 기준을 정해 놓았었습니다. 그런데 사춘기가 오니 1시간은 너무 큰 산이었습니다. 물론 이 시기에도 독서를 꾸준히 하는 아이들이 있지만, 책에서 손을 놓아버리는 아이들의 비율이 아주 높습니다. 안 그래도 잠이 많은 사춘기에 책만 들면 잠이 더 쏟아지니 1시간 독서는 무리였습니다. 그러나 큰 아이 때 저는 더 현명한 방법을 찾지 못한 채 한동안 책과 이별을 하게 두었던 경험이 있습니다.

그 경험을 바탕으로 지금 사춘기 문턱에 서 있는 둘째, 셋째 쌍둥이에게는 1시간이 아니라 15분 독서 기준을 정했습니다. 그 결과 책에서 손을 슬슬 놓으려던 아이들이 15분이면 해 볼 만한 시간이다 싶은지 다시 책을 붙잡기 시작합니다. 학원에 오는 친구들도 마찬가지입니다. 15분을 타이머로 맞춰놓고 집중해서 읽도록 하거나 짧은 단편을 읽도록 하기도 합니다. 그러다 보니 학원에서 읽은 책이 재미있으면 집으로 가져가 끝까지 읽어오는 아이들도 자주 봅니다. 15분도 어렵거나 책을 붙잡는 것 자체를 거부한다면 책이 아니라도 좋습니다. 문제집에 있는 비문학 지문 하나도 좋고, 인터넷에서 찾은 가벼운 신문 기사 하나도 괜찮습니다. 이 시기는 '할만하다' 싶은 과제를 구체적으로 던져 주고 작은 성공의 경험을 쌓는 것이 중요합니다. 독서 또한 그렇습니다.

## 특정 주제를 다룬 책 활용하기

사춘기 아이들이 고민하는 주제(우정, 사랑, 진로, 자존감 등)를 다룬 책을 선택하면 대화의 깊이를 더할 수 있습니다. 예를 들어, 지금 아이가 친구 관계에 어려움을 겪고 있다면 우정을 다룬 이야기를 통해 아이가 느끼는 감정을 간접적으로 다루어볼 수 있습니다.

가끔은 어릴 때 보던 그림책도 좋으니, 부담스럽지 않게 그림책을 함께 읽어보는 것도 추천합니다. 그림 동화중에 자존감을 다룬 책도 많고, 가족 간의 사랑을 다룬 이야기도 정말 많습니다. 혹시 어릴 때 많이 읽어주지 못하셨다면, 지금이라도 옆에 누워 그림책 한 권 함께 읽어보는 것도 아이와 부모님 모두에게 좋은 추억이 될 것입니다.

## 강요보다는 '독서 휴식기'도 인정해 주기

제가 만난 아이 중에는 초등 시절 놀라울 만큼 책을 사랑하던 아이들이 많았습니다. 책이 곧 쉼이었고, 세상을 배우는 창이었지요. 그런데 사춘기에 들어서면서 그 열정이 갑자기 식는 경우를 자주 봅니다. 그럴 때 부모님들이 가장 불안해하시며 어떻게든 다시 책을 읽히려고 실랑이를 벌이곤 합니다.

하지만 아이가 책을 완강히 거부할 때는 잠시 '독서 휴식기'를 인정해 주셔도 괜찮습니다. 억지로 밀어붙이는 대신 흥미로워 보이는 책 한 권을 아이 책상 옆에 조용히 놓아두세요. 그리고 아이 스스로 손을 내밀 때까지 기다려주는 겁니다.

이럴 때는 강제로 책을 읽게 하는 것보다는 짧은 글을 정독하고 요약해 보게 하는 등의 직접적인 문해력 향상 방법을 권유해 주셔도 좋습니다. 이러한 방법도 문해력을 길러주며, 성적 향상에도 도움을 줍니다.

늘 책을 가까이하는 어른에게도 읽고 싶지 않은 시기가 있습니다. 아이에게도 그런 시간이 필요한 법입니다. 독서의 끈을 잠시 놓더라도 현명하게 이 시기를 보내고 나면 결국 아이는 다시 그 세계로 돌아옵니다.

## II장

# 두 번째 사춘기, 성장의 길 위에 선 엄마

아이의 마음을 들여다보는 여정은 곧 내 마음을 돌보는 길이 됩니다. 아이의 이해되지 않는 행동을 바라보다 내 어린 시절이 보이기도 합니다. 이것만은 닮지 않았으면 했던 내 모습이 아이에게서 보이면 주체할 수 없이 화가 나기도 합니다. 이해되지 않는 아이를 이해하려는 노력보다 지금껏 이만큼 아이를 키워내느라 돌보지 못한 나를 이해하는 것이 먼저일지 모릅니다. 엄마 또한 독서를 통해 '나'를 찾아가는 길에 아이와의 관계에 대한 해답도 구할 수 있을지 모릅니다.

# 1

# 엄마도 책이 필요하다

 엄마가 웃으면 아이도 웃습니다. 지금껏 만난 많은 아이의 표정은 놀랍도록 부모님 얼굴을 닮았습니다. 우리의 행복을 찾는 것이 곧 행복한 아이를 키우는 첫걸음입니다. 엄마도 반드시 독서를 통해 행복과 위로를 찾기를 바랍니다.

 매일 아이 진로와 성적을 챙기다 보면, 정작 내 인생 계획표는 비어 있을 수 있습니다. 하지만 책 한 권을 펼치는 순간 우리는 '나'라는 중심을 다시 세웁니다. 책 속 이야기는 굳게 조여 있던 어깨를 느슨하게 풀어 주고, 잊고 지낸 꿈을 슬며시 깨워 주니까요.

 시작하는 방법은 거창할 필요가 없습니다. 저 역시 시작은 작은 독서 모임이었습니다. 고전 독서 모임을 시작으로 고전을 다시 읽기 시작했습니다. 혼자 읽을 때보다 생각을 나누며 읽으니 보이지 않던 것들도 보이고, 타인이 꺼내놓는 이야기에 내 마음을 볼 수도 있었습니다. 그리고 시간이 지나고 마음 맞는 분들과 제가 독서 모임 하나를 만들었습니다. 모두 아이를 키우며 자신의 꿈을 찾아가는 '엄마'입니다. 바쁜 시간을 쪼개, 함께 읽으며 '나'를 찾아가고 있습니다.

이 모임의 최종 목표는 그녀들에게도 글쓰기를 시작하게 해주는 것이었고, 얼마 전부터 글쓰기도 함께 시작했습니다. 글쓰기는 책을 읽는 과정의 연장선입니다. 저는 글을 쓰며 살아가면 험난한 삶의 여정을 조금은 안전하게 살아갈 수 있다는 걸 알았습니다. 그 사실을 많은 사람에게 알리고 싶습니다. 혼자 시작이 어렵다면 주변 마음 맞는 사람들과 함께 시작해 보세요. 친구 세 명, 커피 한 잔, 그리고 한 달에 책 한 권, 이 정도면 시작할 수 있습니다.

저는 독서와 글쓰기 덕분에 인생 제2막을 살아가고 있습니다. 독서와 글쓰기로 인생에 정답이 없다는 유연함, 타인의 말에 휘둘리지 않는 내적 근력, 마흔 이후 삶을 설계하는 실질적 로드맵과 실천력을 얻었습니다. 덕분에 아이 중심으로만 돌던 시계를 잠시 내려놓고, 나만의 시간을 걸어갈 용기가 생겼습니다.

우리 세대의 많은 엄마가 속으로 곪아 있습니다. "괜찮아 보이지만, 사실은…." 하는 마음의 속살을 알 것 같습니다. 그래서 간절히 권합니다. 책을 당신 편으로 만드세요. 한 문장이 마음의 조각을 맞추고, 한 페이지가 오래된 고민에 작은 균열을 낼 것입니다. 보듬어야 할 상처받은 마음이 있다면 책 속에서 치유도 받으실 수 있습니다.

아이의 책을 이야기하기에 앞서, 아이에게서 살짝 시선을 돌려 엄마를 위한 독서 이야기를 먼저 하려고 합니다.

## 2

# 아이를 위로하기 전에
# 나부터

 아이를 이해하기 전에 먼저 나를 다독여야 합니다. 넘쳐나는 정보 속에 '이런 엄마가 되어야 한다. 이런 가정환경을 만들어 주어야 한다.' 등 많은 지침에 있습니다. 그 지침들에 닿지 못하는 나를 자책하게 되고 자꾸만 작아지고 불안해집니다. 무엇이 그렇게도 불안하고 화가 나는지 알아야 먼저 할 것은 바로 나 자신입니다. 사춘기를 겪는 아이처럼 나의 두 번째 사춘기를 맞아 누구의 강요도 방해도 없이 책 속에서 '나'를 위로하고 만나보기를 바랍니다. 결국 엄마의 평안이 아이의 안식처가 됩니다. 너무 걱정하지 마세요. 세상에 완벽한 엄마도, 완벽한 가정도 존재하지 않습니다.

『나의 아름다운 정원』을 통해 얻은 일상의 위로

"안녕, 아름다운 정원. 안녕, 황금빛 곤줄박이. 아름다운 정원에 이제 다시 돌아오지 못하겠지만, 나는 섭섭해하지 않으려 한다."

『나의 아름다운 정원』이라는 책의 마지막 부분입니다. 이 책을 읽고 왜 그렇게 눈물이 났는지 모르겠습니다. 이 책에 나오는 동구 엄마의 삶의 어느 부분에서 나를 보고 내 주변에 많은 이들의 모습을 보았기 때문이겠지요. 아이를 잘 키워야 한다는 그 사명. 10년을 넘게 그것 하나 말고 다른 것은 잘 보이지도, 보려고도 하지 않고 살아왔습니다. '내가 가장 보기 싫었던 것은 그 어떤 것도 아닌 나 자신이 아니었을까.' 이런 생각을 이제 막 하기 시작했던 때 이 책을 만났습니다. 그래서 이 책 인물 속에서 보이는 어떤 부분에서 문득 내 모습을 보고 흠

칫 놀라고 당황스럽고 또 눈물이 났는지도 모르겠습니다.

  어떤 육아서보다 이런 소설에서 위로받게 되더군요. '나만 그런 게 아니구나, 엄마로 살아가는 내 삶만 애처로운 게 아니구나, 많은 엄마가 이렇게 살아내고 있구나.' 하고 위로를 받을 수 있었습니다. 삶에 정답이 없는 것처럼, 육아에도 정답이 있는 게 아닌 것 같습니다. 그렇다면 정답을 찾으려는 노력보다는 엄마로 살아내는 이 삶에 대한 위로와 위안이 더 필요하지 않을까요. 그 위로는 '나'를 들여다볼 용기를 줄 것입니다.

  이 이야기는 1970~80년대 서울의 한 달동네에 사는 동구네 가족의 이야기입니다. 난독증을 앓아 늘 꾸중 듣는 동구는 할머니에게 이름 대신 '이 새끼'로 불리며 자랍니다. 반면 여섯 살 어린 여동생 영주는 총명하고 따뜻한 아이로 서로 단절된 가족 사이를 잇는 다리 같은 존재였습니다. 그러던 어느 날, 동구가 무등을 태워주던 중 감나무 아래에서 영주가 허망하게 세상을 떠나고, 가족은 큰 비극에 빠집니다. 딸을 잃은 엄마는 시어머니의 모진 말에 결국 폭발하고 집을 떠납니다.

모든 게 무너진 듯한 그 가족에게 구원의 시작은 어린 동구의 '이해'였습니다. 그는 할머니의 매서운 마음 뒤에 숨은 슬픔과 상처를 깨닫고, 잃어버린 희망을 되찾아주려 합니다.

 이 이야기는 이해와 용서가 가족을 다시 잇는 과정을 보여줍니다. 이 동구 가족의 이야기를 읽으며 '삶'을 살아내는 동구 엄마, 동구 아빠, 동구 할머니, 동구. 모든 인물의 모습에서 나의 모습을 엿보기도 하고, 내 가족의 모습을 보기도 했습니다. 그들과 함께 소리치고 함께 울며 위로받았습니다.

 엄마로 살아가는 날 중에 유독 버거운 날이 많습니다. 저 역시 비교적 손이 덜 가는 딸 하나를 키우다 쌍둥이를 낳아 어느 날 세 아이의 엄마가 되었습니다. 미숙한 어른 한 명이 세 생명을 책임져야 한다는 사실은 상상하지 못한 무게로 다가왔습니다. 뜨거운 여름 쌍둥이를 낳고, 백일쯤에 처음으로 세 아이를 시어머니께 맡겨놓고 병원에 다녀오던 가을날. 어느새 붉게 물든 단풍을 바라보다 문득 이런 생각이 들었습니다.

 '내가 과연 세 아이의 엄마로 잘 살아 낼 수 있을까. 이 정

도의 인내심과 희생이 요구되는 일이라고 왜 아무도 말해주지 않았을까.'

인내심이 바닥을 보이는 날에는 동구 엄마처럼 마음을 꼭 눌러 참고, 또 어떤 날은 감정을 감당하지 못해 사랑하는 가족에게 화로 쏟아내기도 했습니다. 모든 것을 내려놓고 조용히 사라지고 싶다는 생각이 스칠 때도 있었지만, 내가 무너지면 아이들의 세계도 함께 흔들릴 것 같아 다시 마음을 다잡았습니다.

드라마 〈응답하라 1988〉의 덕선이는 엄마에게 최소한의 자존심도 없는 듯 보여 화가 날 때도 많았다고 말합니다. 그때는 알지 못했지만 어른이 된 덕선이는 알게 됩니다. 정작 사람이 강해지는 건 자존심을 부릴 때가 아니라 자존심마저 던져버렸을 때라는 사실을요. 그리고 그건 자기 자신보다 지키고 싶은 소중한 것이 있었기 때문이었다는 사실을 깨닫습니다.

엄마가 아니었으면 모르고 살았어도 될 그 수많은 인내와 포기와 희생. 작가의 섬세한 표현이 우리의 마음을 대신하고 위로해 줍니다. 그 위로에 저의 위로도 한 스푼 보태봅니다. 엄마로 살아오느라 애쓰셨습니다.

| | |
|---|---|
| 책 정보 | 『나의 아름다운 정원』 \| 심윤경 저 \| 한겨레출판 |
| 치유 코드 | #상실 #엄마자존감 #가족애 #이해의힘 |
| 셀프 질문 | 동구 엄마처럼, 내가 가장 놓치고 있던 '나'의 감정은 무엇일까요? |
| 작은 실천 | 오늘 10분, 거울 앞에서 "괜찮아, 나도 위로받아도 돼."라고 크게 말해 보기 |

『토지』를 통해 사람을 이해하는 법을 배우다

20권이라는 중압감에 몇 번을 주저하다가 결국 펼친 책이 『토지』였습니다. 이 책을 읽고 나 자신은 물론 나와 다른 세상을 사는 사람을 이해하는 법도 배우게 되었습니다. 그건 곧 나를 사랑하는 첫걸음이 되었습니다.

마흔 이후 다시 읽은 『토지』는 가슴을 저미는 인생의 진실을 들려주었습니다. 이 작품은 최서희를 중심으로 수백 명의 인물을 펼쳐 놓습니다. 절대 악도, 절대 선도 없습니다. 『토지』는 각자의 이유로 고통을 품고 살아가는 사람들을 담담하게 그려냅니다. 백 명이면 백 명 모두 저마다의 사연을 끌어안고 저마다의 모습으로 살아냅니다. 대하소설이기에 담을 수 있는 모든 인물의 삶이지 않을까요.

 살인 죄인 김평산의 아들로 살아간 두 아이, 거복이와 한복이의 모습이 상반되게 그려집니다. 같은 처지였으나 가지고 태어난 천성도 달랐을 것이고, 부모의 모습을 같이 보고 자랐어도 둘 중 누구의 모습을 더 많이 습득했느냐에 따라 달랐을 것입니다. 만나진 인연들이 또 달랐을 것입니다. 거복이의 인연 중에 누구 하나라도 거복이를 보듬어 주었더라면 그의 인생도 달라지지 않았을까 생각했습니다.

 아픔을 가진 엄마가 평생 곁을 내어주지 않아 차디차게 성장해 버린 최치수. 그것 이외에 자식을 위하는 일이 무엇인지 알지 못했을 윤 씨 부인이며, 그녀가 거두지 못한 자식 환이. 그와 함께 떠나 버린 최서희의 엄마 별당 아씨까지. 그런 어른들 사이에서 자라난 최서희. 아프지 않은 인생이 없습니다.

  이렇게 많은 인물이 각자의 고통을 감내하며 살아가는 모습을 보며, 저는 그동안 보지 못했던 세상의 또 다른 얼굴을 보기 시작했습니다. 그러면서 지난날의 제 오만함에 대해서도 돌아보게 되었습니다. '과연 세상에 이해받지 못할 삶이라는 게 존재할까? 삶에 정답이란 애초에 없지 않을까?' 그런 생각을 하며 그때 저는 생각의 틀이 깨지는 순간을 처음으로 경험했습니다.

  '어떤 이는 왜 저렇게 세상과 담을 쌓고 살아갈까? 어떤 이는 왜 그렇게 모두에게 방어적일까?' 입 밖으로 꺼내지 않았어도 마음속에 품고 있던 생각들. 나와 다른 삶을 사는 사람들 모두가 그럴만한 사연으로 만들어진 그들만의 인생이라는 걸 이해하기 시작했습니다.

  어떤 삶도 정답은 아니라고 믿는 것은 내 삶의 확고한 기준을 정립하기 위해 꼭 필요한 과정입니다. 신념 없이 살아가도 좋다는 말이 아니라 틀 안에 갇혀 내 마음의 소리를 듣지 못하는 실수를 범하지는 말았으면 하는 것입니다. 우리는 부모 시대의 40대와는 전혀 다른 40대를 살아갑니다. 우리는 아직 평균 수명의 반도 살지 않았을지 모릅니다. 그래서 우리 엄마들은 거치지 않고 살았어도 될 이 과정을 우리는 꼭 거쳐야 합니다.

『토지』는 생의 후반전으로 가는 엄마들에게 묻습니다. "당신의 틀을 깨고, 더 넓은 사랑으로 걸어갈 준비가 되었나요? 타인의 삶을 마음 열고 받아들일 준비가 되었나요?" 첫 번째 권만이라도 시작해 보십시오. 서희를 비롯한 많은 이들의 숨결이 세상을 더 넓게 이해하는 첫걸음으로 천천히 여러분을 이끌 것입니다.

| 책 정보 | 『토지』(전 20권) ｜ 박경리 저 ｜ 다산책방 |
|---|---|
| 치유 코드 | #대하소설 #사람이해 #역사와운명 #부모성장 |
| 셀프 질문 | 내가 '절대 악/절대 선'이라 규정했던 사람·사건이 있나요? 그 이면의 사연을 상상해 보면 어떨까요? |
| 작은 실천 | 1권 읽고 '인물 가계도'를 직접 그려 보기 |

**3**

# 삶을 깨우는
# 지혜의 독서

 모든 삶이 그렇듯, 아이를 키우는 일 또한 선택의 연속입니다. 처음으로 아이가 어린이집에서 친구와 싸우고 돌아와 화난 마음을 털어놓았을 때, 예상하지 못한 점수의 성적표를 처음으로 내밀었을 때, 처음 이성 친구를 사귀는 아이의 모습을 발견했을 때. 엄마로서 처음 겪는 일들 앞에서 어떤 이야기를 해주어야 할지 고민했던 때가 있었습니다.

 내 지혜가 부족해 더 현명한 조언을 건네지 못했다는 아쉬움도 있었습니다. 우리는 좋은 대학에 가야 좋은 직장을 얻고, 나이가 차면 결혼하고 자식을 낳아 키워야 한다는 공식만 배우며 자랐습니다. 하지만 그 너머의 삶, '어떻게 지혜롭게 살아야 하는가?'에 대해서는 제대로 배운 적이 없었습니다. 어쩌면 우리는 그 깨달음을 배우지 못했기에 지금 우리 아이의 사춘기를 온전히 이해하지 못하고 있는지도 모릅니다. 지금이라도 늦지 않았습니다. 책을 통해 진정한 '나'를 찾고, 자녀에게 물려줄 삶의 지혜를 함께 찾아가기를 바랍니다.

『데미안』을 통해 배운 성장통을 이겨내는 힘

데미안은 한 번쯤 읽어 본 경험이 있을 겁니다. 저도 청소년기부터 여러 번 반복해 읽었지만 진짜 이 책의 의미를 이해한 것은 얼마 되지 않았습니다. 이 책을 읽으며 '나'에 대해 궁금해지기 시작했습니다. 책에서 취해야 할 것은 지식뿐만 아니라, '나'에 대한 성찰이라는 것을 몸소 깨닫기 시작한 독서가 바로 이 책이라고 해도 과언이 아닙니다. 저는 이 책을 이해하고 나서 이 책을 청소년 시기에 누군가 이끌어주어 제대로 읽었더라면 조금 더 일찍 '나'에 대해 알기 시작하지 않았을까 하는 아쉬움도 남았습니다.

이 책 전체를 아우르는 주제는 '성장을 위해 알을 깨고 나와야 한다.'입니다. 이 책을 통해 저는 한 번도 '내 알을 깨고 나오겠다.'라고 마음먹어 본 적도 없었다는 사실을 처음 깨달았습니다. 변화를 두려워한 채 주어진 상황에 순응하며 살아야 안전하다고 믿었기에 저의 세계는 늘 좁았습니다.

싱클레어가 왜 그토록 방황했는지, 알을 깨고 앞으로 나아가는 일이 얼마나 고되고 아픈 과정인지 깨달으면서 그의 고통이 내 일처럼 다가왔습니다. 알을 깬다는 건 익숙한 틀을 깨뜨리는 일입니다. 싱클레어가 방황 끝에 알을 깨듯 저 역시 어둠까지 내 일부로 인정하자 시야가 넓어졌습니다. 어둠이 들춰질까 두려워 일부러 더 환하게 웃기도 했던 제 삶에 변곡점 같은 시간이었습니다.

헤르만 헤세는 '압락사스'라는 신을 통해 말합니다. '선과 악, 빛과 어둠이 공존할 때 비로소 삶은 온전해진다.' 이 문장을 붙잡는 순간 내 안의 어두운 방을 열 용기를 얻었습니다. '악'이라 단정했던 내 어두운 영역 역시 나의 일부임을 받아들이는 것, 그리고 선과 악, 빛과 어둠이 뒤엉켜야 온전한 인간이 된다는 사실을 인정하는 것, 그것이 첫걸음이었습니다. 『토지』를 통해 세상을 이해하기 시작했다면, 『데미안』을 통해 나를 들여다보는 계기가 되었습니다. 내가 지금껏 악이라고 믿어 온 많은 것들이 정말 악인지부터 다시 질문하기 시작했습니다. 내가 옳다고 믿어 온 것에 대해서도 다시 생각해 보았습니다. 책이 재미없는 이유는 대개 나와 접점이 없다고 느껴서입니다. 『데미안』을 그렇게 이해한 순간 접점을 넘어, 저를 질문의 중심에 세웠습니다.

이 깨달음은 내 세상을 깨뜨리는 도끼가 된 것은 물론 아이 양육에도 스며들었습니다. '나는 어른이니 옳다'는 오만을 내려놓고, 어쩌면 아이가 나보다 나은 선택을 할지도 모른다는 겸손이 자리 잡았습니다. 물론 시시때때로 참견하고 간섭하고 싶은 마음이 여전히 올라오지만, 그때마다 그 말을 한 번은 꿀꺽 삼켜 봅니다. 이제 아이는 자기 인생을 설계하고, 저는 제 두 번째 인생을 그립니다.

행복하고 당당하게 알을 깨고 '나'로 사는 엄마의 뒷모습. 그 자체가 최고의 교육일지 모릅니다. 만약 지금도 알 속에서 맴돌고 있다면, 『데미안』의 첫 페이지를 다시 열어 보세요. 두려움보다 설렘이 먼저 고개를 들 테니까요.

| 책 정보 | 『데미안』 | 헤르만 헤세 저 | 민음사 |
|---|---|
| 치유 코드 | #자기성찰 #알깨기 #선악공존 |
| 셀프 질문 | 내가 '악'이라 단정해 눌러 둔 감정은 무엇이며, 그것을 인정하면 삶이 어떻게 달라질까요? |
| 작은 실천 | 1장(에밀 싱클레어의 고백) 읽고, '내 알'을 상징하는 단어 세 개 적기 |

『삶의 한가운데』의 한 문장이 준 깨달음

수업 시간에 아이들에게 재미있게 읽은 책에서 마음에 드는 문장을 한 줄씩 필사해 보자고 하면 아이들은 놀랍게도 눈부신 문장을 골라 적습니다. 그 순간 독서는 단순한 정보 습득을 넘어 자기 성찰로 들어가는 열쇠가 됩니다. 아이도 어른도 마찬가지입니다. 책을 많이 읽는 것이 중요한 것이 아니라, 책 한 권에서 내가 실천할 수 있는 일, 내 마음을 움직인 딱 한 문장만 찾아내도 그 독서에 쏟은 시간이 의미 있습니다. 그렇지 못한 책이 얼마나 많았는지 돌이켜 생각해 보시기 바랍니다.

"인생에 곁길은 없다."

독일 작가 루이제 린저의 『삶의 한가운데』를 읽다가 이 문장을 만났을 때, 저는 한참을 멈춰 생각했습니다. 제 삶을 돌아보니 '곁길'이라는 단어를 상상할 여지조차 두지 않았음을 깨달았습니다.

이 작품의 주인공 '니나'는 지금까지의 제 모습과는 달리 자유를 향해 과감히 진로를 꺾는 인물입니다. 사회가 부여한 규정을 가볍게 넘어서며, 살아 있음을 느끼는 순간에 충실합니다. 그러나 그녀를 둘러싼 두 인물, 언니 마리그레트와 슈타인 박사는 우리와 닮은 목소리를 냅니다. 마리그레트는 "마흔아홉이면 모든 것이 지나갔음을 기뻐해야 한다."라고 말하고, 슈타인 박사는 "인생에 곁길이란 없다."라는 확신으로 니나를 붙잡습니다. 그 대립 속에서 우리는 저마다의 위치를 자문하게 됩니다.

저는 오랫동안 언니의 편에 서 있었습니다. "지금 이 나이에 무엇을 새로 시작하겠어? 평온한 오늘에 감사하며 살면 되지." 그렇게 게으름과 두려움을 정당화했습니다. 그러나 슈타인 박사의 한 문장을 보는 순간, 곁길을 질문조차 하지 않았던 제 태도가 문제였다는 사실을 깨달았습니다.

깨달음은 자책에 머무르지 않았습니다. '곁길도 내 길'이라는 가능성이 자라났고, 모래밭이든 자갈길이든, 때로는 맨발이라도 걸어 보자는 용기가 생겼습니다. 아이 양육에 쓰이던 에너지를 제 내면을 탐색하는 것으로 돌리자 아이와의 관계도 편안해졌습니다.

『삶의 한가운데』는 제 세계의 벽에 가느다란 균열을 냈고, 그 틈으로 빛이 스며들도록 했습니다. 이제 저는 곁길의 풍경을 두려움보다 호기심으로 바라봅니다. 사춘기 자녀를 품어 내느라 애쓴 엄마라면 이제 시선을 조금 아이에게서 거두어 자신에게 돌리시기를 권합니다. 마음을 흔드는 한 문장을 작은 실천으로 바꾸면 예상치 못한 길목에서 새로운 '나'를 만나게 될 것입니다.

그러니 오늘 밤, 니나가 건네는 질문 앞에 잠시 서 보시기 바랍니다. "당신은 정말로 당신 인생에 곁길이 없다고 믿습니까?" 답을 머뭇거린다면, 이미 곁길의 첫발을 내디딘 셈입니다.

| 책 정보 | 『삶의 한가운데』 ｜ 루이제 린저 지음 ｜ 민음사 |
|---|---|
| 치유 코드 | #곁길 #자유 #여성성장 |
| 셀프 질문 | 내가 무심코 지워 버린 선택지는 무엇이었을까요? |
| 작은 실천 | 오늘 하루, 평소라면 망설였을 일 하나를 '곁길 체험' 삼아 시도해 보기 |

## 배움은 결국
## 행동으로 완성된다

'책을 많이 읽으면 삶이 변한다는데, 왜 내 삶은 변하지 않을까?'라는 질문을 스스로 던져본 적이 있으신가요? 저 또한 했던 고민입니다. 두려운 사람은 계속 핑계를 찾고, 나아가고 싶은 사람은 방법을 찾는다는 말도 있듯이, 행동은 누가 결코 대신해 줄 수 없습니다.

수업 시간에 한 중학생 아이가 제가 물었습니다.

"선생님은 실패한 인생이 뭐라고 생각하세요?"

학교 수행평가 시간에 적어내야 했던 질문이었나 봅니다. 제가 했던 대답은 이랬습니다.

"선생님은 한 번도 내 인생이 실패했다거나 성공했다고 생각해 본 적이 없는 것 같다. 내 인생의 마침표는 죽는 순간에나 찍을 것이고, 나는 그냥 계속 살아내는 중이라서 말이지. 내가 포기하지만 않으면 그 어떤 삶도 실패는 아니지 않을까? 실패같이 느껴지는 순간도 있겠지만 다시 하면 되는 거지. 우리 포기만 하지 말자!"

혹시 행동하지 못하는 이유에 '실패하면 어떡하지?' 하는 마음이 있으신가요? 돌다리를 백번 두드려야 한 발을 겨우 떼어 놓던 저를 행동하게 해준 귀한 책을 소개합니다. 여러분의 한 걸음에도 귀한 영양분이 되기를 바랍니다.

지금까지의 삶을 돌아보게 한 『역행자』

'사람은 변하지 않는다.'라는 말은 이렇게 바꿔야 정확하지 않을까 생각합니다.

'사람은 타인의 강요와 강제에 의해서는 변하지 않는다.'

이만큼 살아 보니 누군가의 생각을 내가 강제로 바꿀 수 있다는 생각은 참 어리석다는 생각이 듭니다. 누군가를 바꿀 수 없는 만큼 나를 바꾸는 일도 결코 쉬운 일은 아닙니다. 하지만 스스로 의지와 노력에 의해서는 얼마든지 변하고 성장할 수 있습니다. 저의 의지에 불꽃을 일게 해 준 책이 자청의 『역행자』입니다.

책은 단순히 감동을 얻기 위해서, 혹은 재미를 위해서 읽을 수도 있습니다. 하지만 한 권의 책이 내 인생의 방향을 내가 원하는 쪽으로 단 한 걸음이라도 옮기게 해준다면, 그 독서는 훨씬 더 값진 경험이 될 것입니다. 그렇게 조금씩 움직이다 보면 어느새 내가 바라던 삶의 방향이 선명해지고, 뒤돌아보았을 때는 출발점이 아득하게 멀어진 것을 깨닫게 됩니다.

아이들도 함께 돌보며 일하겠다고 시작한 공부방 사업이었고, '이 정도면 되지.'하고 안전하고 소박함만 추구하며 살아왔습니다. 그러다 암 수술을 겪고 외면했던 제 마음을 들여다보니 그게 아니라는 걸 알았습니다. 오랫동안 익숙해진 삶의 패턴 탓에 쉽사리 발이 떼어지지 않았습니다. 그때 저의 한걸음에 용기를 준 것이 『역행자』의 이 한 문장이었습니다.

"나의 의지, 아니 인간의 의지를 믿지 말고, 내 상황을 일하도록 만들고, 그 안에 나를 내던져라."

작심삼일은 의지가 약해서가 아니라 인간의 본성 때문이라 합니다. 그렇다면 의지를 탓할 것이 아니라 상황을 설계하면 됩니다. 자청은 출판사에 "마감 전 원고를 못 끝내면 천만 원을 내겠다."라고 선언하며 자신을 벼랑 끝에 세웠습니다. 저는 그 방식을 그대로 따랐습니다. 상가 계약서에 도장을 찍고 시작했습니다.

1인 교습소로 세무·마케팅·교재 제작까지 모든 일을 혼자 해내며 저는 '순행자'가 아니라 숨겨 둔 성취욕으로 달릴 줄 아는 사람임을 발견했습니다. 일하는 게 즐거우니 저에게 배우는 아이들도 함께 배움을 즐겼습니다. 그렇게 성장하여 1년 뒤 더 큰 상가를 계약했고 저만의 브랜드를 완성해 나가는 중입니다. 배우면 배울수록 하고 싶은 일은 늘어나고 길은 계속 보입니다.

제 삶이 뚜렷한 목표를 향해 움직이자 아이에게 과도하게 관여할 시간이 자연스레 줄었습니다. '놓아주기'가 애써 의식하지 않아도 실현된 것입니다.

"어제보다 1도라도 나아진 오늘이면 됐다."

이 말이 제 하루를 정리하는 말이 되었습니다. 엄마인 우리는 그 자체로 충분히 애써왔습니다. 이제 인생 후반전을 위해 나를 몰입시킬 '상황'을 만들고 그 안으로 한 발 내딛으시길 진심으로 응원합니다. 아이는 자기 삶을 설계하게 두고, 우리는 우리 몫의 새로운 도전을 향해 나아갈 시간입니다.

| 책 정보 | 『역행자』 \| 자청 저 \| 웅진지식하우스 |
|---|---|
| 동기 문장 | "의지를 믿지 말고, 상황이 일하게 만들어라." |
| 셀프 점검 | 지금 내 목표를 강제해 줄 상황 설계가 되어 있습니까? |
| 작은 실천 | 이번 주 안에 '벼랑 끝 약속' 하나 정해보기 |

『행동력 수업』을 읽고 느낀 가장 젊은 오늘의 실천

나이가 들어갈수록 "나는 어떤 결을 지닌 사람인가."를 더 자주 묻게 됩니다. 사춘기 아이에게도 타고난 색깔이 있듯, 우리 인생에도 태어날 때부터 깃든 '결'이 있습니다. 그 결을 찾고 갈고닦는 사람이 결국 '나답게', 그리고 행복하게 살아가게 마련입니다.

『행동력 수업』의 오현호 작가는 자신의 길을 찾기 위한 도전을 행동으로 증명해 온 사람입니다. 불우한 어린 시절부터 자신을 찾기 위해 끊임없이 도전했습니다. 남들이 주저한 길목마다 그는 자신을 던졌고 넘어지면 또 일어선 사람입니다. 작가님을 직접 만난 강연회에서 저는 한 문장에 마음을 사로잡혔습니다.

"도전의 가장 큰 방해물은 해보지 않은 자들의 조언이다."

새로운 일을 계획하면 가장 먼저 들려오는 말이 있습니다. "위험하지 않아?", "그 나이에 힘들지 않아?" 대부분은 걱정 어린 충고이지만, 그 충고가 시작 자체를 지연시키는 경우가 많습니다. 그 말을 하는 사람은 나를 가장 아끼고 걱정하는 가까운 사람일 확률이 높습니다. 그래서 우리는 더 망설이게 됩니다. 오현호 작가는 말합니다. "조언을 듣더라도, 이미 해낸 사람에게 가라." 도전을 성공으로 이끈 사람의 경험담 속에는 실행을 돕는 구체적 방법과 실패를 버텨 낸 내성이 함께 담겨있기 때문입니다.

저 역시 이 책 덕분에 또 한 번 인생의 핸들을 틀고 있습니다. 대학 졸업 후의 첫 직장. 육아의 경험들이 쌓이고, 그 과정에서 놓지 않고 계속 나의 결을 찾기 위해 노력했던 시간이 지금의 저를 있게 했습니다. 대단한 성공이 아니어도 저는 저의 결과 색깔을 비로소 찾았기에 그걸로 행복합니다. 앞으로 또 어떤 일들이 기다리고 있을지 모르지만 저는 저의 결을 따라 계속 나아갈 생각입니다. 오랜만에 만난 지인이

예전과는 또 다른 빛이 난다고 얘기해 주더군요. 아마도 마침내 찾은 저의 빛깔이리라 생각합니다.

40대, 혹은 50대 어느 지점에 서 계신 지금이야말로 가장 젊은 날입니다. 실패하기에도 지금이 가장 좋은 시기입니다. 이미 아이를 키우는 데 온 힘을 다해 오셨으니, 이제는 '나의 후반전'을 위해 용기를 쏟아볼 차례입니다. 지금 하고 있던 일에 더 박차를 가하셔도 좋고, 망설이기만 했던 꼭 하고 싶었던 일이 있다면 용감하게 시도해 보시기 바랍니다.

오늘 『행동력 수업』을 펼쳐 들고, 마음속에만 있던 계획을 작은 행동 한 칸으로 옮겨 보시기 바랍니다. 내일보다 오늘이, 내년보다 올해가 가장 빠른 출발선입니다. "당신의 삶은 유한합니다. 그러니 오늘, 당장 시작하십시오." 이 책이 그렇게 속삭이고 있습니다. 저는 그 목소리에 기꺼이 동의하며, 같은 길을 걸을 모든 이들을 응원합니다.

| 책 정보 | 『행동력 수업』 ｜ 오현호 저 ｜ 스카이마인드 |
|---|---|
| 동기 문장 | "도전의 가장 큰 방해물은 해보지 않은 자들의 조언이다." |
| 셀프 점검 | 최근 1년간, 자신을 '상황' 속에 던진 적이 있었습니까? |
| 작은 실천 | 도전을 이미 이룬 멘토 한 명을 찾아 30분 커피 타임 약속 잡기 |

# 2부
# 책, 세상을 이해하는 두 개의 창

"문학은 감정의 깊이를, 비문학은 생각의 폭을 넓혀
  줍니다. 두 개의 창을 통해 아이들은 세상과 자신을
  배워갑니다."

# 1장

# 문학 – 아이에게 건네는 위로와 성장

아이에게 처음 책을 읽어주실 때를 기억하시나요? 아이가 재미있어하는 책은 몇 번이고 반복해 읽어달라고 해서 처음에는 그 모습이 기뻤다가 힘들어도 했던 그 시절이 있으셨지요? 주인공이 울면 같이 울고, 웃으면 따라 웃었습니다. 그 속에서 아이는 세상을 배워나가기 시작했을 것입니다. 이 시기도 마찬가지입니다. 위로와 성장이 필요한 사춘기. 많은 책도 필요 없습니다. 이 장에서 아이 마음에 가 닿을만한 한 작품만이라도 발견하게 되시기 바랍니다.

1

# 문학이 곁에 있을 때, 외롭지 않다

사춘기 시기는 나와 세상을 동시에 배우는 시기입니다. 이 시기에 좋은 문학 작품 독서는 단순히 어휘력과 문해력을 기르는 그 이상의 의미를 지닙니다. 이제 막 사고가 확장되는 시기이기에 작품 안의 한 세상을 읽으며 세상을 바라보는 눈과 마음의 깊이를 키워줍니다.

작품 속 인물과 사건을 따라가다 보면 아이들은 알지 못했던 자신의 감정을 마주하게 됩니다. 이 시기 아이들은 처음 느껴보는, 어른도 아이도 아닌 감정에 이름을 붙일 수 없어 더 혼란스럽습니다. 책 속에서 유사한 감정을 발견하며 안심하기도 하고, 그 감정을 해결할 방법을 마주하기도 합니다. 또한 자신이 경험하지 못한 타인의 입장을 상상하며 공감의 힘을 배우게 됩니다.

좋은 문학 작품은 자기 성찰의 거울로 작용합니다. 주인공의 선택이나 실수를 보며 '나라면 어떻게 했을까?'를 스스로 묻게 되고, 교과서에서는 배울 수 없는 삶의 지혜를 얻게 됩니다. 이런 사고의 과정은 비판적 사고력으로 이어져 학습에도 긍정적인 영향을 줍니다.

특히 한 작품을 처음부터 끝까지 읽는 경험은 집중력과 문해력, 추론력을 동시에 길러줍니다. 짧은 글에서 느낄 수 없는 인물의 변화와 사건의 흐름을 따라가다 보면, 아이들은 자연스럽게 맥락을 파악하고 핵심을 정리하는 능력을 키웁니다. 이는 국어는 물론 사회, 과학, 역사 등 다른 교과 학습에도 큰 도움이 됩니다. 결국 문학은 모든 학문의 바탕이 되는 사고력 훈련의 장이 되는 셈입니다.

또한 문학은 언어 감수성을 키워줍니다. 문장의 리듬이나 표현의 아름다움을 느끼는 과정을 통해 사고의 폭을 넓힐 수 있습니다. 이에 자기 생각을 보태 글로 표현하는 것까지 이어지면 더욱 좋습니다.

한마디로 말해, 청소년기의 문학 읽기는 단순한 취미가 아니라 삶과 학습을 함께 자라게 하는 성장의 과정입니다. 한 권의 문학 작품을 끝까지 읽어낸 경험은 세상을 이해하는 힘이자, 스스로 배우는 힘의 시작이 됩니다.

# 2

# 사춘기의 핵심은 '관계'

**『세계를 건너 너에게 갈게』** _ 엄마라는 존재의 의미
이꽃님 저 | 문학동네 | 가족, 성장, 관계, 시간여행

이 책은 시간을 건너 전해지는 편지로, 사춘기 아이가 가족의 상처를 치유하고 성장해 나가는 이야기입니다. 이 시기 엄마와 아이가 함께 읽으며 깊은 공감을 나눌 수 있는 성장소설입니다.

중학생 은유는 어느 날 '느리게 가는 우체통'에 자기 자신에게 편지를 보냅니다. 그런데 이 편지가 시간의 틈을 넘어

1982년을 살아가는, 이름이 같은 초등학생 은유에게 도착합니다. 두 은유는 편지를 주고받으며 서로의 삶을 이해하고, 점차 서로의 세계에 깊이 들어갑니다. 이들의 편지로 상실과 외로움, 부모에 대한 갈망, 그리고 성장의 과정을 따라갈 수 있습니다.

2016년의 은유는 중학생이고, 과거의 은유는 현재 초등학교 3학년입니다. 과거와 현재의 시간은 다르게 흐릅니다. 현재의 은유가 1년 동안 편지를 주고받는 사이 과거의 은유는 빠르게 성장해 20년의 세월이 흐릅니다. 처음엔 동생이던 과거의 은유는 점점 현재의 은유보다 언니가 됩니다.

아빠와 둘이 사는 은유에게 아빠는 물론 어떤 가족도 엄마에 관한 이야기를 해주지 않습니다. 아빠와도 거의 대화하지 않고 사는 은유는 얼마나 외로웠을까요. 아빠도 어쩌면 엄마의 죽음을 말로 꺼내는 것이 두려워, 그런 방식으로 시간을 견디며 살아가고 있었던 건지 모릅니다. 그러나 이를 이해하기에 너무 어린 은유는 방황의 시간을 보내고 있었던 겁니다.

아픔을 외면하고 그 속에 외롭던 은유는 이 1년간의 편지로 현실을 마주하고 아픔을 딛고 성장해 가는 소중한 시간을 가졌습니다.

과거의 은유가 돌아가신 엄마였다는 사실이 드러나기 시작하면서, 독자는 책을 손에서 놓을 수 없을 정도로 몰입하여 읽게 됩니다. 세계를 건너서라도 딸의 상처를 보듬고 나아가도록 돕고 싶었을 엄마의 마음을 알 것 같아 마음이 먹먹해집니다.

이 책은 사춘기에 들어선 아이와 엄마, 모두에게 추천하고 싶습니다. 아이가 엄마와의 심리적 거리를 원하는 것은 그만큼 세상에 홀로 서 볼 용기를 낸 것일지도 모릅니다. 그러다 힘들고 불안해지면 언제 그랬냐는 듯 다시 품 안으로 들어와 어린 시절과 같은 모습을 보이기도 합니다. 엄마가 붙잡으려 하면 할수록 아이는 더 세게, 더 거칠게 엄마 품을 걷어차고 나아갑니다. 사춘기 시기 부모와 자식 사이의 거리가 생기는 것은 자연스러운 현상입니다. 그러나 여전히 서로에게 소중한 존재임을 이 책을 읽으며 상기하는 시간이 되었으면 좋겠습니다.

 이 편지를 주고받는 과정에서 은유는 성장해 갑니다. 엄마와 아빠를 이해해 가는 과정에서 엄마의 사랑을 받지 못하고 자란 환경에 대한 원망도, 그토록 자신을 차갑게 대했던 아빠에 대한 미움도 조금씩 사라지게 됩니다. 사춘기 아이에게는 내 상처가 세상에서 가장 큰 듯이 느껴지기도 합니다. 은유의 성장 과정을 따라가며 실은 세상 많은 이들의 삶 속에 아픔이 있다는 것을 깨달으며 우리 아이들의 마음도 한 뼘 성장하기를 바랍니다.

『체리새우: 비밀글입니다』 _ 친구가 전부인 사춘기 아이들

황영미 저 | 문학동네 | 청소년, 친구 관계, 성장, 사춘기

 사춘기 아이를 바라보는 그 불안감을 견디는 일은 꼬물대던 세 명의 유아를 동시에 키우는 일보다도 더 힘들었습니

다. 이 책은 첫째가 막 사춘기에 접어들었을 때 만났습니다.

　사춘기 아이들에게 친구는 세상 전부가 되어갑니다. 그래서 핸드폰은 단순한 물건이 아니라, 친구들과 소통할 수 있는 유일한 창구가 됩니다. 이 시기에 아이들이 가장 두려워하고 분노하는 일 중 하나가 바로 '핸드폰 압수'입니다. 이 문제에서 타협점을 찾지 못하면 부모와 자녀 사이에 깊은 갈등의 씨앗이 되곤 합니다.

　우리 아이 역시 사춘기의 터널을 지나며 핸드폰과 한 몸처럼 지내던 시기가 있었습니다. 아이에게 핸드폰을 빼앗는 일은 곧 친구를 빼앗기는 일처럼 느껴졌던 모양입니다. 그래서 너욱 거센 반항심이 생겼던 것이겠지요.

　생각해 보면 우리도 모두 그런 시절을 지나왔습니다. 그런데 막상 부모가 되면 그 시절을 다 잊었는지 아이가 왜 그토록 친구 관계에 집착하는지 이해하기가 쉽지 않습니다. 그럴 때 '이런 책을 아이와 함께 읽으면 좋겠다, 이 책이 있어서 참 다행이다.'라는 생각이 들었습니다. 이 책을 통해 엄마는 잊고 있던 자신의 어린 시절을 떠올리며 아이의 마음을 이해하고, 아이는 건강하고 균형 잡힌 친구 관계의 의미를 배워 갈 수 있기를 바랍니다.

 이 책은 친구가 전부인 사춘기 시절, 무리 속 불안과 외로움을 이겨내며 자기 색을 찾아가는 아이의 성장 이야기입니다.

 중2가 된 이 책의 주인공 다현이는 초등학교 때 은따를 경험하고, 새 학기가 되면 과민성 대장 증후군을 앓는 아이입니다. 아버지는 돌아가시고, 홀로 우동집을 하는 바쁜 엄마와 함께 사는 여학생입니다. '다섯 손가락'이라는 무리에 속해있지만, 늘 무리에서 떨어져 나갈까 위태롭게 친구들 사이의 끈을 간신히 붙잡고 있습니다. 선비질이라 할까 좋아하는 것도 꼭꼭 감춰버리고 맙니다. 선물을 사다 주고, 심부름해 주고, 돌아서면 내 욕을 하진 않을지 불안해하며 관계를 유지해 갑니다.

 다섯 손가락 무리에서 눈에 띄는 아람이는 유독 친구를 부리고, 과시하고, 매사를 부정적으로 바라봅니다. 아람이도 사실 아픔이 있었습니다. 사랑받기 위해 부단히 애써야 했고, 자신을 거부한 사람을 용서할 수가 없고, 남을 누르는 것이 자신을 지켜나가는 일이라 생각했기에 건강한 친구 관계를 유지해 나가지 못했을 것입니다.

다섯 손가락의(특히 아람이의) 미움을 받는 노은유는 강남에서 전학을 왔습니다. 은유 역시 엄마가 병상에 누워있다가 돌아가시는 아픔을 겪은 아이입니다. 적극적으로 먼저 다가왔던 아람이를 부담스러워했다가 미운털이 박혀버리고 맙니다. 다현이는 이유도 잘 알지 못했지만, 친구들이 싫어하니 같이 욕하며 은유를 멀리합니다.

결국 다현이는 이 휘청대는 친구 관계 속에서 자신의 위치와 생각을 정립해 가고 건강한 친구 관계가 어떤 것인지 깨닫습니다.

"어차피 우리는 모두 나무들처럼 혼자야. 좋은 친구라면 서로에게 햇살이 되어 주고 바람이 되어 주면 돼. 독립된 나무로 잘 자라게 서로에게 도움이 되는 존재."

함께 수업했던 6학년 아이에게도 이 책을 권했었습니다. 중학생이 된 이 아이는 어느 날 저에게 와서 친구 관계 이야기를 털어놓으며 이 책이 생각이 났다고 하더군요. 친구와의 다툼이 좀 있었고, 그 친구 때문에 너무 화가 났다고 합니다. 그런데 문득 이 책이 생각났고 이 작품의 한 인물을 생각하며 그 친구를 이해하게 되었다는 이야기는 전했습니다. 그 말을 듣고 얼마나 마음이 놓였는지 모릅니다. 사춘기 아이들이 책을 놓지 않았으면 하는 이유가 바로 이 지점입니다. 학습과의 연관성보다 더 중요한 것은 책을 통해 지혜를 배우고 사람에 대한 이해를 깨닫는 것입니다. 그렇게 사춘기 소용돌이를 조금 더 안전하게 지나갈 수 있지 않을까 생각합니다.

단짝 친구를 만들고, 무리 지어 놀면서 그 사이에서 자신이 도태되지 않기 위한 수단으로 다른 친구를 타겟 삼아 뒷담화를 주도하고, 또 누군가가 나를 밀어낼까 전전긍긍하며 늘 불안한 상태로 이 시기를 지나가는 아이들이 생각보다 많습니다. 친한 친구 사이가 되면 모든 것을 공유하고 어떤 순간에도 함께하고, 그렇지 않으면 배신자라는 프레임을 씌워 하루아침에 등 돌려버리는 미숙한 인간관계. 그것이 비단 아이들만의 문제는 아니라는 생각에서 아직 다 자라지 못한 우리 어른들 모습도 생각해 보게 됩니다.

 아이들이 자신에 관해 어릴 때부터 많이 고민해 보면 좋겠습니다. 자기주장만 내세우는 것도 좋지 않지만, 참고 희생하고 내 생각은 감추며 타인들 속에 잘 녹아드는 것만이 세상을 잘 살아가는 방법이라 여기지 않았으면 좋겠습니다. 이기적인 것과는 다릅니다. 나를 알고 나를 사랑해야 남도 사랑하고 포용할 수 있습니다. 나를 귀하게 여기고 사랑하는 방법부터 제대로 배워야 합니다.

 어른들이 미성년자인 아이들을 지켜주고 보호해야 하는 것도 당연하지만, 상처를 스스로 치유하는 방법도 가르치고, 비바람이 불어도 건강하게 나를 지켜나가는 방법도 가르쳐 주어야 합니다. 남을 희생시키고 짓밟는 방법이 아니라, 건강한 방법으로도 얼마든지 나를 지키고 내 상처도 치유할 수 있다는 걸 말이지요.

 이 책은 이렇게 복잡한 사람들과의 관계 안에서 미묘한 심리 묘사가 훌륭합니다. 저도 이 책을 보며 '아이들이 이렇게 생각하는구나, 이럴 수도 있겠구나.'를 마음으로 느꼈습니다. 누군가는 다현이의 모습에서, 누군가는 아람이, 은유의 모습에서 자신의 모습을 발견하며 '나'에 대한 해답을 찾아갈지 모릅니다. 이미 엄마의 손을 놓기 시작한 아이에게 엄마의 이야기는 모두 잔소리처럼 들릴 것입니다. 그럴 때 책이 위로와 해답을 줄 것입니다. 그게 바로 성장입니다.

『긴긴밤』_ 세상에 대한 이해
루리 저 | 문학동네 | 성장, 생명, 공존, 용기

'어른을 위한 동화'라고 들어 보셨을 겁니다. 이 책에 딱 어울리는 타이틀입니다. 이 이야기는 다른 존재와 함께 살아가는 법, 상실을 이겨내는 법, 그리고 삶을 온전히 살아내는 법을 담은 감성 성장 동화입니다. 사춘기 아이뿐 아니라 부모에게도 깊은 울림을 줍니다.

세상에 마지막 하나 남은 흰 바위 코뿔소 '노든'은 코끼리 무리 속에서 자랍니다. 자신이 코끼리가 아니라는 사실을 알게 된 뒤 세상을 향해 나아가는 길에 오릅니다. 다르지만 자신을 받아들여 준 코끼리 가족들 사이에 안전하게 살고 싶었을지도 모릅니다. 하지만 진정한 자신을 찾기 위해 세상 속으로 나아갑니다. 세상은 역시나 녹록지 않았습니다. 노든은 인생에서 가장 빛나는 존재였던 아내와 자식을 잃고, 악몽 속에서 헤매는 자신을 위해 이야기를 듣고 또 들어주었던 친구 앙가부를 잃고, 외로운 길을 함께 걸었던 치쿠를 잃었습니다. 그리고 여럿에게 목숨을 빚진 채 태어난 어린 펭귄과의 동행을 시작하게 됩니다.

 늙은 흰 바위 코뿔소 노든을 통해 어린 펭귄은 모든 살아남는 법을 배웁니다. 한 생명이 또 다른 한 생명에게 줄 수 있는 것을 다 주었습니다. 바다가 어떻게 생겼으며, 어디에 있는지도 모르는 노든이지만, 어린 펭귄에게 바다를 찾아주겠다는 마음 하나로 둘은 하루하루를 살아냅니다.

 펭귄은 노든에게 세상을 살아가는 법을 배우고, 노든은 펭

권에게서 삶의 이유를 발견합니다. 서로 너무 다른 두 생명체가 '우리'가 되어가는 과정을 통해, 타인을 이해하고 함께 살아가는 것의 의미를 다시 바라보게 됩니다.

노든은 안전한 코끼리 무리를 떠나 코뿔소의 삶을 택했고, 어린 펭귄도 안전한 노든 옆에 살고 싶은 마음을 이기고 한 번도 보지 못한 바다를 향해 혼자 씩씩하게 나아갑니다. 우리 아이들도 그렇게 용감하게 자신을 찾아갈 용기를 이 이야기 속에서 만나게 되기를 바랍니다.

"눈이 보이지 않으면 눈이 보이는 코끼리와 살을 맞대고 걸으면 되고, 다리가 불편하면 다리가 튼튼한 코끼리에게 기대서 걸으면 돼. … 우리 옆에 있으면 돼. 그게 순리야."

이것이 코뿔소지만 코끼리들 사이에서 자란 노든이 처음 배운 세상이었습니다. 루리 작가가 꿈꾸는 세상이 바로 이런 세상이 아니었을까요? 두 눈 부릅뜨고 서로의 약점을 찾아내 상처 내고 끌어내리는 세상이 아니라 서로 다름을 인정하고 부족한 면을 채워주며 살아가는 세상, 있는 그대로 서로를 인정해 주는 그런 세상 말이지요. 서로 공격하고 약점을 찾아내기 바쁜 각박한 세상에 지친 우리 모두의 마음을 위로해 주는 책이 아닐까 생각합니다.

노든, 치쿠, 윔보와 어린 펭귄의 삶을 바라보며 서로 다른 존재가 부족한 점을 도우며 살아가는 그 세상이 얼마나 아름다운지 느껴보면 좋겠습니다. 나의 오늘이 수많은 누군가의 긴긴밤들을 통해 이루어졌다는 걸 알게 되면 하루하루를 더 소중하게 대할 것입니다.

친구 사이, 연인 사이, 부부 사이, 심지어 부모 자식 사이에서도 다름을 인정하는 것이 중요합니다. 내 사람이기에, 내 지식이기에 나와 같을 것이라는 생각이 모든 불행의 시작일지 모릅니다. 공통점 하나 없는 늙은 코뿔소와 어린 펭귄은 그저 서로를 인정하고 독려하는 모습을 보며 나와 자녀의 모습도 돌아보게 됩니다. 자녀의 사춘기를 겪으며 자식은 그저 내 몸을 빌려 세상에 나온 독립된 인격체라는 사실을 인정하기 위해 부단히 애써야 합니다.

작가의 말에서 루리 작가는 우리에게 메시지를 전합니다. '세상은 더러운 웅덩이와 빛나는 별들로 가득 차 있다.'라고 말입니다. 사춘기 아이와의 관계에서 삶이 고되고 힘들게 느껴지실 때, 이 구절을 떠올려 보면 좋겠습니다. 웅덩이 속을 걷는 듯한 우리의 날 속에도 빛나는 별은 반드시 있습니다. 불행한 삶과 행복한 삶이 따로 있는 것이 아니라 무엇을 바라보는지의 차이가 나의 행복을 결정합니다. 부디 책을 매개로 아이와 엄마 모두, 이 터널을 무사히 빠져나가길 응원합니다.

### 확장 도서

### 『죽이고 싶은 아이 1, 2』 - 이꽃님 저

한 여고생의 죽음을 둘러싼 미스터리를 다루며, 진실과 믿음에 대해 질문을 던지는 소설.

### 『여름을 한 입 베어 물었더니』 - 이꽃님 저

다른 사람의 속마음이 들리는 유찬과 자신의 존재가 필요 없다고 생각하는 지오의 이야기로 청소년들의 풋풋한 감정을 섬세하게 다룬 소설.

### 『나는 투명인간이다』 - 박상철 저

부산에서 서울로 전학온 주인공 아이가 겪는 왕따 문제를 다룸. 청소년들이 겪는 외로움과 소외감을 사실적으로 그려낸 소설.

### 『위험한 게임 마니또』 - 선자은 저

학교에서 진행된 마니또 게임을 소재로 청소년 사이의 복잡한 인간관계와 왕따 문제를 다루고 있어 고학년부터 중학생까지 모두 좋아하는 소설.

### 『우아한 거짓말』 - 김려령 저

주인공 천지의 자살 사건을 중심으로 전개되며, 청소년들의 복잡한 감정과 친구 관계, 왕따 문제를 다룬 소설.

### 『마당을 나온 암탉』 - 황선미 저

양계장에 갇혀 알을 낳는 암탉이던 주인공 '잎싹'이 양계장을 탈출해 우연히 청둥오리알을 품게 되고, 청둥오리의 엄마가 되어 모성애로 청둥오리를 지켜내는 소설.

### 『갈매기에게 나는 법을 가르쳐 준 고양이』 - 루이스 세풀베다 저

검은 고양이 소르바스와 기름 유출로 죽어가는 갈매기 켕가의 이야기. 소르바스가 켕가와의 약속을 지키기 위해 알에서 부화한 아기 갈매기 아포르뚜나다를 돌보는 이야기로 진한 감동과 깨달음을 주는 소설.

# 3

## 이해는 성장의
## 다른 이름

『유진과 유진』 _ 단단한 마음을 만들어 주는 성장 스토리

이금이 저 | 밤티 | 성장, 트라우마, 치유, 부모의 역할

이 소설을 엄마들에게 정말 많이 추천했습니다. 저에게 그어떤 육아서보다 이 소설 한 권이 엄마의 역할을 깨닫는 데 더 큰 깨달음을 주었기 때문이었습니다. 엄마의 역할이 아이의 삶에 어떤 영향을 끼치는지를 깨닫게 한 소설입니다. 이 책을 읽고 이금이 작가님 매력에 빠져『너도 하늘말나리야』, 『소희의 방』,『알로하 나의 엄마들』 등의 작품도 모두 읽었습니다. 모두 가슴 찡한 울림을 주는 소설이었습니다.

이 책 역시 첫째 아이의 사춘기를 건너며 만난 소설이었습니다. 방문을 걸어 잠그는 아이에게 호통을 쳤고, 공부에서 멀어져 가는 듯한 아이를 참을 수가 없었습니다. 내가 얼마나 이 아이 교육에 공을 들였는데, 내 인생을 다 바쳤을 만큼 엄마표 교육에 열성을 다했는데, 이런 모습으로 변해버리다니. 내 인생이 실패한 듯이 힘겨웠습니다. 그때 이 책을 읽고 마음이 무거웠고, 정곡을 찔린 듯 아팠습니다.

 '내 그간의 노력은 누구를 위한 일이었을까? 정말 아이를 위한 일이었을까, 아니면 나를 위한 일이었을까?'

 오랜 시간 헤맨 끝에 그것이 결국 나를 위한 일이었다는 사실을 인정하게 되었습니다. 쉽지 않았지만, 서서히 아이와의 거리와 틈을 받아들이기 시작했습니다. 만약 그때도 '이건 아이를 위한 일'이라 자신을 속이며 내 고집대로 끝까지 밀어붙였다면, 아마 지금의 우리는 이렇게 가까이 있지 못했을지도 모릅니다. 누가 그렇게 해달라 했냐며 엄마를 원망하는 아이의 목소리를 가슴에 묻은 채 서로에게서 멀어져 갔을지도 모르겠습니다.

이 소설 속에서 이름이 같은 두 소녀는 같은 상처를 지녔지만, 부모의 다른 태도로 전혀 다른 삶을 살아가는 과정을 보여 줍니다. 유치원을 함께 다닌 큰 유진과 작은 유진이가 유치원 이후 헤어졌다가 중학교 2학년에 재회합니다. 이 두 아이는 유치원 시절 성폭력 피해자였습니다. 엄청난 사건을 함께 겪은 사이인데, 작은 유진은 큰 유진을 전혀 모르는 척합니다. '잊었을 리가 없는데.' 하며 큰 유진이는 이상하게 생각합니다.

가까이 지낸 어른이었던 유치원 원장에게 당한 끔찍한 사건. 그 끔찍한 사건을 겪은 두 아이는 매우 다르게 성장합니다. 큰 유진의 부모는 "그건 네 잘못이 아니다.", "무슨 일이 있어도 우리는 너를 사랑한다."라는 말로 유진이의 상처를 치료하며 함께 겪어냈습니다. 과하게 감싸안거나 상처를 외면하지도 않았고 그저 살아가면서 만날 수 있는 시련 중에 하나를 겪은 듯이 함께 겪어내 주었습니다.

그에 비해 작은 유진의 엄마는 아이의 기억을 지워버립니다. 유진이의 몸을 박박 문지르며, 이 이야기를 다시 입 밖으로 꺼내면 다 같이 죽는 거라며 아이를 아프게 합니다. 그렇게 거짓말처럼 작은 유진이는 기억을 잃어버린 겁니다. 부유한 시부모에게 인정받지 못한 결혼이었고, 부모님의 경제적 지원 없이 살아가던 유진이 엄마 아빠는 그 일이 유진이를 비싼 유치원에 보내주지 못한 탓이라고 생각합니다. 유진이 아빠는 다시 부모님 곁으로 돌아가야 유진이를 지킬 수 있을 거라 믿었습니다. 그렇게 아이의 기억을 지우고 떠난 동네였던 겁니다. 작은 유진의 부모는 아이까지 낳은 어른이었으나, 진정한 어른이 되지 못한 미숙한 부모였습니다. 자신들 앞에 벌어진 일을 제대로 보지 못하고, 스스로 해결할 용기도 없었던 것이지요.

작은 유진이 엄마는 아이에게 마음을 가까이하면 아이가 그때 일을 기억하게 될까, 그 말을 꺼낼까 무서워 그렇게 유진이에게 벽을 치고 냉정하게 살아왔던 겁니다. 그렇게 살아낸 엄마는 또 얼마나 살얼음 위를 걷듯이 위태롭게 살았을까요.

큰 유진이를 만나 상처는 덮는 게 아니라 치유하는 거라는 사실을 어렵게 깨닫게 된 작은 유진이는 아픈 말들을 엄마에게 쏟아냈고, 엄마는 유진이에게 진심으로 사과하고 인정하게 됩니다. 그렇게 했던 건 사실 너를 위한 일이 아니라 나를 위해서였다고. 내 딸에게 그런 일이 일어났다는 걸 인정하고 살 자신이 없어서 너의 기억을 빼앗았다고 고백합니다.

큰 유진과 작은 유진이처럼 같은 일을 겪고도 부모의 태도로 아이의 삶에 다른 영향을 끼칠 수 있음을 인정하지 않을 수가 없었습니다. 자르지 못한 마음의 탯줄로 한 몸처럼 살아가면 모두가 건강할 수 없습니다. 나를 위한 일인지 아이를 위한 일인지 멈추어 한 번 돌아보기를 바랍니다.

사춘기 아이들도 이 책을 꼭 읽으면 좋겠습니다. 아이는 엄마와는 또 다른 시각으로 이 책을 바라볼 것입니다. 살아가다 만나는 상처와 아픔들을 어떻게 받아들이고 극복해야 하는지에 대한 태도를 배워야 합니다. 덮어버리고 잊는 것이 상책이 아니라, 좀 쓰라리더라도 햇볕과 바람의 도움을 받아 치료해야 건강하게 자랄 수 있습니다. 우리 시대보다 더 풍족한 생활을 누리는 것은 맞지만, 마음은 더 빈곤하고 외로울지 모를 우리 아이들입니다.

"감추려고, 덮어두려고만 들지 말고, 함께 상처를 치료했더라면 더 좋았을 텐데. 상처에 바람도 쐬어주고 햇볕도 쬐어 주었더라면 외할머니가 말한 나무의 옹이처럼 단단하게 아물었을 텐데…."

많은 상처와 아픔을 알게 모르게 견뎌내고 있을 우리 아이들이, 베고 찢긴 상처에 바람도 쐬어주고 햇볕도 쬐어 주면서, 유진이 외할머니가 말한 나무의 옹이처럼 단단하게 아물어 갔으면 좋겠습니다.

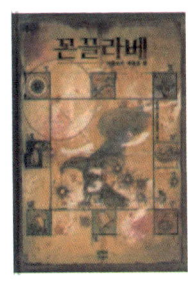

『꼰끌라베(자물쇠가 채워진 방)』 _ 또 다른 세계를 통한 성장
오진원 저 | 문학과지성사 | 성장, 상처 치유, 판타지

오진원 작가의 이 소설은 2018년 6월, 영미권 번역 지원 대상으로 선정되어 국제적인 인정을 받기도 했습니다. 현실에서 있을 수 없는 초자연적이고 비현실적인 이야기를 주제

로 한 소설을 판타지 소설이라고 합니다. 제가 선호하지는 않았던 분야인 판타지 소설에 대한 편견을 깨준 책이 바로 이 책이기도 했습니다.

꼰끌라베의 원래 의미는 '자물쇠가 채워진 방'입니다. 추기경단이 며칠간 자물쇠가 채워진 방에 모여 교황을 선출하는 과정을 의미하는 것이죠. 아무나 들어갈 수 없는 세계를 의미하는 것으로 주인공 리디아가 기억의 세계로 들어가는 것을 뜻합니다.

소설을 읽는 큰 유익 중 하나는 간접 경험입니다. 독자는 주인공에게 공감하며 그들의 아픔과 성장을 함께 느끼고 경험할 수 있습니다. 현실에서는 일어날 수 없는 일이라도 우리의 상상 속에서는 충분히 경험할 수 있습니다. 내가 어쩔 수 없는 상황에 놓였을 때 이를 극복하는 가장 중요한 것은 결국 마음이니까요.

저는 어린 시절의 기억이 선명하지 않습니다. 아직 다 들여다보지 못한 제 마음 한구석에 기억하고 싶지 않거나 왜곡하여 기억하는 어린 시절의 기억이 있나 봅니다. 어쩌면 리디아처럼 좋은 기억만 간직하려고 불편한 기억은 무의식적으로 밀어낸 것일지도 모르겠습니다.

 오진원 작가는 사랑하는 사람들에게 버림받은 상처 때문에 세상을 미워하고 두려워하는 자기 내면 아이를 위해 이 글을 썼다고 밝히고 있습니다. 이 작품은 단순히 아이만을 위한 동화가 아닙니다. 상처받은 내면 아이를 품고 살아가는 어른을 위한 동화이기도 합니다.
 자물쇠가 채워진 또 다른 세계에서 과거의 상처와 마주하며 진정한 성장을 이루는 소녀의 이야기입니다. 판타지 속 깊은 심리 묘사를 통해 사춘기 아이와 부모 모두에게 치유와 성찰의 기회를 줍니다.

 세상에 둘만 남은 리디아와 동생 다니엘. 리디아는 동생의 기억을 찾을 수 있다는 말에 험난한 여정을 시작하게 됩니다. 이 남매는 비현실의 세계를 다녀오고 난 이후 성장합니다. 리디아와 다니엘과 여정을 함께하는 플라쉬밍이 리디아에게 꿈을 물어봐 주고, 리디아 자신을 찾아갈 수 있는 이야기를 들려줍니다.

자신과 동생을 버린 엄마에 대한 원망을 키워가던 중에 알을 낳고 떠나는 까작이를 보며 생각하기도 합니다. 버리는 쪽과 버림받는 쪽 중에 더 아픈 쪽은 어느 쪽일까 생각하며 엄마를 이해해 봅니다.

또 다른 세계에서 만난 난쟁이는 말합니다. 몸이 자란다고 해서 어른이 되는 것이 아니라고 말이지요. 어른 중에서 늘 칭얼대며 욕하고 화내며 남의 탓만 하는 어른은 잘 자란 어른이 아니라고 리디아에게 알려줍니다. 그 순간 리디아는 나쁜 사람이라고만 생각했던 숙모를 생각해 냅니다. 숙모도 내면에 치유하지 못한 어떤 상처가 있는 자라지 못한 어른일지 모른다고. 이런 문구와 순간들을 아이들이 놓치지 않았으면 좋겠습니다. 간접 경험을 통해 사람에 대한 이해가 넓어지고, 미워하고 이해할 수 없던 누군가를 이해하는 한 걸음이 될 수도 있을 테니까요.

함께 모험하는 디나의 존재, 플라쉬밍의 비밀, 할아버지가 남긴 의문점들, 문지기들의 애처로운 삶이 이야기를 흥미진진하게 이끌어 갑니다. 500페이지에 달하는 두꺼운 책이지만 이러한 요소들로 끝까지 책을 손에서 놓지 않을 힘도 생깁니다.

 동생의 잃어버린 기억을 찾아주고 싶어 그토록 애썼던 리디아는 마지막에 충격적인 진실과 마주하게 됩니다. 아니, 어쩌면 새로운 깨달음이 아니라 잠시 잃어버렸던 기억을 되찾은 것일지도 모릅니다. 다니엘이 그렇게 된 이유는 다름 아닌 자기의 잘못 때문이었으며, 그 사실이 너무 고통스러워 기억을 지운 채 살아왔다는 것을 깨닫게 됩니다. 그 기억을 마주하기를 끝내 거부하는 리디아의 모습이 애처롭습니다.

 아이의 사춘기가 버겁게 느껴지시나요? 나의 사춘기는 저렇게까지 위태롭지 않았던 것 같은데, 도대체 내 아이는 왜 이렇게 불안정해 보이는 걸까요? 그 이유를 이 이야기에서 찾을 수 있지 않을까요?

 우리도 어른이 되어가고 세상의 새로운 면모를 하나둘 알아가는 과정에서 어른들에게 위태롭게 보였을 법한 반항과 도전을 겪었을 겁니다. 하지만 성인이 된 지금 그때의 많은 기억을 지우고 살아가고 있을지도 모릅니다.

 사춘기 아이를 이해한다는 것은 잊고 지내던 나의 어린 시절을 다시 만나는 일에서 시작됩니다. 아이와 함께 이 소설을 읽으며 엄마의 어린 시절 이야기를 나눠보는 건 어떨까요? 그런 대화가 아이를 이해하고, 더 가까워지는 계기가 될 것입니다.

"기억해 주세요. 저 바람, 햇살, 반짝이는 모래알과 물결, 나뭇잎의 팔랑거림, 그 모든 떨림 속에 당신이 있다는걸."

- 작가의 말 중에서

### 확장 도서

### 『모모』 - 미하엘 엔데 저

직접적인 폭력을 다루지는 않지만, 현대 사회에서 청소년들이 겪는 시간의 압박과 그로 인한 정서적 문제를 다루고 있는 소설.

### 『원더』 - R.J. 팔라시오 저

안면 기형을 가지고 태어난 주인공 아이의 이야기. 외모로 인한 차별과 학교 폭력을 겪는 주인공의 이야기를 통해 진정한 아름다움은 내면에 있다는 메시지를 전달하는 소설.

### 『완득이』 - 김려령 저

학교 폭력과 청소년의 성장을 다룬 소설로, 마해송 문학상과 문학동네 어린이 문학상, 창비 청소년 문학상을 차지했으며, 어려운 환경 속에서도 꿋꿋이 자신의 길을 찾아가는 주인공의 이야기를 전달하는 소설.

### 『우리가 빛의 속도로 갈 수 없다면』 - 김초엽 저

다양한 상황과 감정을 SF적 요소를 통해 표현하여 청소년들의 고립감과 외로움을 위로하는 이야기를 담고 있으며, 몰입감이 뛰어난 소설.

### 『아로와 완전한 세계』 - 김혜진 저

판타지 동화 시리즈 '완전한 세계의 이야기'의 첫 번째 책. 12살 소녀 아로가 도서관에서 발견한 이상한 책을 통해 '완전한 세계'로 들어가 모험을 겪는 소설.

### 『나미야 잡화점의 기적』 - 히가시노 게이고 저

30여 년간 비어 있던 오래된 나미야 잡화점에 강도짓을 하고 도망치던 세 명의 젊은이가 숨어들면서 과거로부터 온 고민 상담 편지를 받게 되고, 이에 답장하면서 기적 같은 일을 마주하게 되는 소설.

# 사고가 넓어지는 관점 비틀기

『줄무늬 파자마를 입은 소년』_같은 사건 다른 관점에서 바라보기

존 보인 저 | 비룡소 | 역사, 전쟁, 관점, 우정

사건을 다양한 관점에서 바라보거나, 익숙하지 않은 시선으로 이야기를 풀어가는 책은 사고의 폭을 넓히고 통찰력을 키우는 데 큰 도움이 됩니다. 특히 사고가 깊어지고 넓어지는 사춘기 시기에는 이런 책을 통해 생각의 지평을 확장해 보는 경험이 꼭 필요합니다.

이 책은 가해자의 시선에서 바라본 홀로코스트, 두 소년의 순수한 우정이 전쟁의 비극 속에서 남기는 묵직한 메시지를 전하고 있습니다.

주인공 독일인 브루노는 나치당 엘리트 장교의 아들입니다. 아버지의 전출로 베를린에서 폴란드로 이사를 하게 됩니다. 그곳이 바로 아우슈비츠 수용소입니다. 그곳이 농장인 줄만 알았던 철조망 너머의 사람들이 왜 똑같은 줄무늬 파자마를 입고 있을까 궁금합니다.

'똑같은 사람인데 왜 한쪽은 제복을 입고, 다른 한쪽은 줄무늬 파자마를 입고 있을까?'

그곳에 있던 동갑내기 소년 쉬뮈엘을 만납니다. 폴란드에 살고 있던 유대인인 쉬뮈엘은 어느 날 영문도 모른 채 이곳 아우슈비츠로 끌려왔습니다. 철조망 하나를 사이에 둔 두 소년의 삶은 너무나 다르게 흘러갑니다. 철조망을 사이에 두고 둘은 비밀스러운 우정을 쌓아갑니다. 그리고 이 이야기는 예상치 못한 비극적인 결말로 마무리됩니다.

머리에 이와 서캐가 생긴 브루노와 누나를 보고, 브루노 엄마는 이곳의 생활이 지긋지긋하다며 베를린으로 먼저 돌아가겠다고 선언합니다. 그리고 브루노와 쉬뮈엘은 마지막 탐험을 결정합니다. 쉬뮈엘이 구해다 준 줄무늬 파자마를 함께 입고, 사라진 쉬뮈엘의 아빠를 함께 찾아보기로 합니다.

 엉겁결에 행진 대열에 끼어든 둘은 밀폐된 공간으로 들어가며 오히려 비를 피할 수 있어서 다행이라고 생각합니다. 그곳이 가스실이라고는 죽은 순간까지 상상도 하지 못했을 쉬뮈엘과 브루노는 마지막 순간까지 서로의 손을 놓지 않았습니다. 사람들이 아우성을 치는 사이에서도 둘은 손을 꼭 잡고 있었습니다. 그렇게 브루노는 쉬뮈엘과 운명을 함께 했습니다.

 브루노의 실종에 괴로워하던 사령관은 철조망 아랫부분이 들려 있음을 발견합니다. 작은 몸 하나 빠져나갈 수 있는 공간이었습니다. 그곳에서 왜 브루노의 옷가지가 발견되었는지, 사실을 깨달은 사령관은 그 자리에 털썩 주저앉고 말았습니다.

이 시기의 아이들에게 세계사를 배우는 것이 큰 도움이 됩니다. 세계사는 중학교에서 새롭게 배우는 과목이기 때문에 배경지식이 부족한 아이들에게는 특히 어렵게 느껴질 수 있습니다. 세계사를 배워야 하는 더 중요한 이유는 따로 있습니다. 초등학교에서 한국사를 통해 '시간'의 흐름을 확장해왔다면, 세계사를 공부하며 '공간'의 개념까지 넓히는 경험을 하게 됩니다. 더불어 세계사는 인문학, 과학, 종교, 경제, 사회 등 모든 분야를 이해하는데 기초가 되는 학문으로, 아이가 바라보는 세상의 지평을 넓히는 데 매우 유익한 도구가 됩니다.

이 소설은 제2차 세계대전을 배경으로 하고 있습니다. 당시 유대인의 고통을 다룬 소설은 무수히 많지만, 이 책이 특별한 이유는 '관점' 때문입니다. 대부분의 작품이 피해자인 유대인의 시선으로 이야기를 풀어간다면 이 책은 가해자 측, 그것도 가해자의 가족이라는 독특한 시점에서 전개됩니다.

아이들이 역사를 어렵게 느끼는 가장 큰 이유는 그것을 자신과는 무관한 아주 먼 과거의 이야기로 느끼기 때문입니다.

하지만 그 이야기를 '나'와 연결할 수 있다면 훨씬 더 쉽게 이해하고 받아들일 수 있습니다. 세계사에 흥미를 느끼게 하려면, 우선 익숙한 한국사부터 시작해 그 관심을 자연스럽게 확장해 나가는 것이 효과적입니다.

예를 들어, 아이들에게 익숙한 일제강점기 이야기를 시작으로 제2차 세계대전으로 확장하고, 또 홀로코스트에 관한 이야기로 이어가 주면 됩니다. 일제강점기 이야기를 다룰 때는 생존해 계신 증조할머니나 할아버지의 태어난 해를 떠올리게 하며, 그것이 먼 옛날의 이야기가 아니라 바로 우리 할머니, 할아버지의 역사이며 더 나아가 그것이 곧 '나'의 역사임을 깨닫게 해주면 좋습니다.

가벼운 성장소설은 별다른 배경지식 없이도 재미있게 읽을 수 있지만 역사소설은 배경을 알고 읽으면 훨씬 더 흥미롭게 느껴질 수 있습니다. 그러니 배경지식을 아는 것은 아이들의 이해를 돕고, 독서 경험을 풍부하게 만드는 훌륭한 방법입니다.

〈배경지식〉 홀로코스트

일반적으로 인간이나 동물을 대량으로 태워 죽이거나 대학살 하는 행위를 총칭하지만, 고유명사로 쓸 때는 제2차 세계대전 중 나치스 독일에 의해 자행된 유대인 대학살을 뜻한다. 특히 1945년 1월 27일 폴란드 아우슈비츠의 유대인 포로수용소가 해방될 때까지 600만 명에 이르는 유대인이 인종청소라는 명목 아래 나치스에 의해 학살되었는데, 인간의 폭력성, 잔인성, 배타성, 광기가 어디까지 갈 수 있는지를 극단적으로 보여주었다는 점에서 20세기 인류 최대의 치욕적인 사건으로 꼽힌다.

『마사코의 질문』 일본인의 입으로 듣는 이야기
손연자 저 | 푸른책들 | 역사, 일제강점기, 평화, 용서

이 시기 아이들은 특히 여러 시각에서 세상을 바라보는 통찰력을 키워야 합니다. 책을 읽을 때도 여러 인물의 처지를

생각해 보도록 권해주는 것이 좋습니다. 고학년 동화에서 많이 다루고 있는 주제인 왕따 이야기에서도 왕따를 주도하는 인물들의 마음을 다루고 있는 책들이 많습니다. 책을 읽는 이유 중의 하나는 나를 이해하고, 타인을 이해해 세상을 배워가는 것입니다. 1945년 일본에 떨어진 두 개의 원자폭탄을 이야기할 때, 꼭 그곳에 살고 있던 죄 없는 어린아이를 비롯한 많은 이들을 한번 생각해 보자고 합니다.

이 책은 총 아홉 편의 단편으로 구성되어 있으며, 일제강점기의 다양한 아픔과 그 시대를 살아낸 사람들의 이야기를 섬세하게 그려냅니다. 마지막 수록 작품이자 책의 제목이기도 한 『마사코의 질문』은 일본인 소녀의 시선을 통해 역사의 책임과 용서를 묻는 특별한 이야기입니다.

첫 번째 이야기인 「꽃잎으로 쓴 글자」에서는 일제강점기 당시 우리 아이들의 학교생활을 보여 줍니다. 그 시절, 조선어 사용을 금지하려는 일본의 압박을 잘 드러냅니다. 일본인 선생님은 '위반'이라는 나무패를 하나씩 아이들에게 건네며, 서로 감시하다가 조선어를 쓴 친구에게 그 나무패를 넘기도

록 합니다. 그 패를 마지막까지 들고 있는 아이의 손바닥을 열 대 때리겠다고 위협합니다. 우리말을 쓰지 못하게 하는 것도 억울한데 민족끼리 서로를 감시하고 미워하는 감정을 심어놓았습니다.

「마사코의 질문」에서 일본인 소녀의 입으로 일본의 죄를 묻는 내용이 나옵니다.

"아무 잘못도 없는데 그냥 히로시마에다 그랬단 말이야? 나가사키에다가도 그랬다며? 일본은 얌전히 있는데 미국이 자기네들 맘대로 꼬마를 실험해 보려고 그랬어?"

물론, 우리 백성 모두가 아팠던 시절입니다. 그러나 그 아픔을 미움으로만 기억하기보다는 다시는 되풀이되어서는 안 될 일로 새겨두어야 합니다. 이 책에서 나오는 아픈 이야기를 읽으며 일본에 대한 미움이 너무 커지지 않도록 조심했으면 좋겠습니다. 우리 아이들이 앞으로 살아가야 할 세상에서 중요한 일은 일본을 무작정 비난하고 미워하는 것이 아니라, 어떻게 현명하게 용서할 것인지, 그리고 우리에게 남겨진 과제가 무엇인지를 차분히 되새기며 생각하는 것입니다.

 이 이야기를 마지막으로 책을 덮으며 우리 아이들은 많은 생각에 빠지게 될 것입니다. 이 책을 고학년 친구들에게 정말 많이 권했습니다. 그리고 수업 시간에 일제강점기 이야기가 나올 때 일본을 향해 무조건 거친 말을 내뱉는 아이들이 많이 줄었습니다. 우리의 아픈 역사 사건을 바로 알고 있어야 하지만, 편협한 생각은 좋지 않습니다.

 책을 통해 평소에 생각해 보지 못한 부분들을 생각해 보게 되는 그 순간을 즐기는 아이들로 자라길 바랍니다. 많은 책을 읽는 것보다 1년에 한두 권이라도 마음에 깊이 남는 책을 만나는 것이 더 중요합니다. 그런 책을 찾아내기 위해 읽고 또 읽는 것이지요. 한국사에 아직 크게 관심이 없던 5학년 여자아이도 이 책을 시작으로 역사에 대해 관심을 두게 되었습니다. 함께 소개해 드리는 책 중에 한 권이라도 아이들 마음에 닿기를 바랍니다.

## 확장도서

### 『에바』 - 조안 M. 울프 저

제2차 세계대전 중 나치의 '레벤스보른' 계획을 배경으로 한 이야기. 주인공은 체코슬로바키아의 소녀 밀라다로, 나치의 침략으로 가족을 잃고 독일에서 '에바'라는 이름으로 살아가며 자신의 정체성을 잃지 않으려는 과정을 그리고 있는 소설.

### 『클라라의 전쟁』 - 캐시 케이서 저

역사적 사건인 테레진 수용소를 배경으로 하며, 평범한 유대인 소녀 클라라와 그녀의 가족이 수용소에서 겪는 고통을 그리고 있음. 초등 고학년부터도 충분히 읽어낼 수 있는 수준의 소설.

### 『소녀, 히틀러의 폭탄을 만들다』 - 마샤 포르추크 스크리푸치 저

제2차 세계대전 중 나치에 의해 끌려간 우크라이나 소녀 리다라는 아이를 중심으로 전쟁의 참혹함과 어린 소녀의 생존을 위한 투쟁을 다루고 있는 소설.

### 『핵폭발 뒤 최후의 아이들』 - 구드룬 파우제방 저

롤란트와 그의 가족이 할아버지 댁으로 가던 중 핵폭발을 목격하게 됨. 방사능 피폭, 질병, 기아 등 핵전쟁 이후의 비참한 상황을 생생하게 묘사하고 있는 소설.

### 『할머니의 수요일』 - 이규희 저

'나눔의 집'이라는 위안부 피해자 할머니들의 보금자리를 배경으로 하고 있음. 일제강점기 위안부 피해자들의 고통스러운 경험과 치유의 과정을 그리고 있는 의미 있는 소설.

### 『군함도』 - 한수산 저

일제강점기 하시마섬(일명 군함도)에서의 조선인 강제 징용자들의 삶과 나가사키 원폭 문제를 일기 형식으로 다루고 있는 소설.

5

# 고전이 전해주는
# 오랜 세월의 진리

『지킬 박사와 하이드 씨』_내 안의 두 얼굴을 받아들이는 용기

로버트 루이스 스티븐슨 저 | 현대지성 | 인간의 본성, 선과 악, 자기 통제, 성장

이 고전은 학원 아이들과 수업했던 고전 중에서도 최고의 반응을 보여주었던 책 중 하나입니다. 이는 단순히 괴기소설이나 공포 소설이 아닙니다. 인간의 본성을 그 어떤 작품보다도 잘 나타냈습니다. 이런 고전을 어떻게 시작하게 할지 막막하다면, 이 작품이 탄생한 시대 배경부터 알아볼 것을 권합니다.

이 작품이 발표된 1886년, 영국은 산업 혁명 이후 눈부시게

발전한 '제국의 중심'이었습니다. 경제적으로는 물론 풍요로워진 세상이었습니다. 하지만 겉으로는 '도덕과 품격'을 강조하면서 실제로는 빈부 격차, 범죄, 성적 위선, 사회적 억압이 극심했습니다. 이 빅토리아 시대의 사람들은 '품위 있는 겉모습'을 유지하려고 애썼지만, 그 이면에는 감춰진 욕망, 폭력, 부패가 도사리고 있었죠. 바로 이런 시대적 분위기 속에서 지킬 박사의 이중성이라는 소재가 탄생한 것입니다. 즉, 사회가 강요한 도덕의 가면 뒤에 숨은 인간의 진짜 얼굴을 보여 준 겁니다.

지킬 박사는 도덕적이며 사람들에게 존경받는 의사입니다. 그는 인간 안에 선한 본성과 악한 본성이 함께 존재한다고 믿었고, 그 두 자아를 분리하는 실험에 성공합니다. 도덕적인 의사의 모습으로 살아가는 지킬과 나쁜 짓을 저지르며 살아도 가책을 느끼지 않는 하이드로 완벽하게 살아갈 수 있을 것 같았습니다. 하지만 결국 하이드를 통제하지 못하고 파멸하게 됩니다.

사춘기를 지나는 아이를 보면 '착한 아이'와 '거친 아이'가 공존하는 모습을 보입니다. 때로는 예의 바르고 다정하다가도, 또 어떤 날은 짜증과 분노로 가득 차 있는 아이의 모습을 보입니다. 그 모습을 바라보는 부모만큼이나 아이도 그런 자신의 모습에 혼란스러울 수 있습니다.

단순히 선과 악을 대비해 보는 것을 넘어, 우리 안의 하이드는 억누르고 숨길수록, 더 강하게 튀어나온다는 사실도 볼 줄 알아야 합니다. 오랜 세월을 읽혀온 고전인 『지킬 박사와 하이드』를 읽으며 우리 안에 악한 나와 착한 내가 공존한다는 사실을 받아들이고, 더 나은 방향으로 나를 발전시키기 위해 노력하면 됩니다.

이 책은 재독해 보면 더욱 재미를 느낄 수 있습니다. 많은 고전이 그렇듯이 처음 읽을 때보다 두 번째 읽고 세 번째 읽을 때 더 진정한 의미를 알아차릴 수 있습니다. 이 책을 재독할 때는 지킬과 하이드가 동일 인물이라는 사실을 알고 작가가 숨겨 놓은 단서들을 찾아가며 읽으면 더 몰입하여 재미있게 읽을 수 있습니다. 지킬이 며칠 이상 나타나지 않으면 하이드에게 모든 재산을 상속한다는 내용의 유서나, 매우 비슷한 지킬과 하이드의 필체 등 작가가 복선을 여기저기에 숨겨

놓았거든요.

마지막 장에 나오는 지킬의 편지에서 그의 마음을 자세히 들여다볼 수 있습니다. 하이드를 통제하지 못하고 파멸해 가는 괴로운 과정이 안타깝습니다. 결국 자연의 섭리를 거스른 인간이 어떤 마지막을 맞이하게 되는지 보여 줍니다.

이렇게 한 문장 한 문장이 깊이를 가진 고전을 읽어보면 고전의 재미에 푹 빠지게 될지도 모릅니다.

『나의 라임 오렌지나무』_ 상처받은 마음의 성장
J.M. 바스콘셀로스 저 | 동녘주니어 | 성장, 외로움, 사랑, 회복

『나의 라임 오렌지나무』는 바스콘셀로스가 1968년 발표한 자전적 소설로, 가난한 소년 제제가 라임 오렌지나무 밍기뉴와 포르투갈인 뽀르뚜까 아저씨와의 관계를 통해 상처를 딛

고 성장하는 모습을 보여 줍니다.

  이 소설은 1920~1930년대 브라질을 배경으로 하고 있습니다. 이 시기 브라질은 산업화의 초입 단계에 들어서던 시기였지만, 경제 불황과 사회 불평등이 심했습니다. 도시의 화려함 이면에는 가난과 실업, 교육 기회의 불균형이 자리하고 있었죠. 제제의 가족처럼 일용직 노동에 의존하며 하루하루를 버티는 가난한 사람들이 많았습니다.

  제제의 아버지는 일자리를 잃었고, 엄마는 공장에서 종일 일해도 가족을 먹여 살리기 버거웠습니다. 당시 브라질 사회는 가난을 부끄럽게 여기는 분위기였기 때문에 가정마다 숨겨진 분노와 체념이 쌓여 있었던 거죠. 사고를 치는 제제에게 쏟아내는 가족의 분노가 어쩌면 현실의 답답함을 표현한 것일지도 모릅니다.

  이 소설은 작가 자신의 어린 시절을 바탕으로 한 자전적 이야기입니다. 바스콘셀로스는 실제로 브라질의 빈민가에서 자라며 사랑에 굶주린 아이로 살았습니다. 그래서 제제의 이야기는 단순한 소설이 아니라, 작가 자신이 어린 시절의 상처와 사랑을 고백한 기록이라고 할 수 있습니다.

『나의 라임 오렌지나무』를 읽다 보면, '왜 아무도 제제를 보호해 주지 않았을까?' 하는 생각이 듭니다. 그건 단순히 제제 가족만의 문제가 아니라, '아동'이라는 개념 자체가 아직 사회에 자리 잡지 못했던 시대적 현실과 깊이 관련이 있습니다. 이 당시만 하더라도 아이를 보호해야 할 존재로 여기지 않았습니다. 아이들은 단지 '성인이 되기 전의 미숙한 존재'로 여겼기 때문에 어린 나이부터 노동해야 했고, 훈육과 체벌이 당연했던 시대였습니다. 가정과 사회 모두 아이를 독립된 인격체로 보기보다 '부모의 소유물' 혹은 '노동력'으로 취급했죠. 가난한 가정의 아이들은 다섯 살, 여섯 살 때부터 일터로 나갔습니다. 제제가 혼나고, 맞고, 일찍부터 '세상 눈치'를 배우는 것도 바로 이런 시대 인식의 연장선에 있습니다. 그래서 제제가 울어도, 혼나도, 그걸 '당연한 일'로 여기는 어른들이 많았던 겁니다. 그 시대에는 '아이의 감정'보다 '생존'이 더 중요한 가치였습니다.

그런 상황에서도 제제는 라임 오렌지나무 '밍기뉴'와 포르투갈인 뽀르뚜까 아저씨 등 마음을 기댈 수 있는 존재 곁에서 성장해 갑니다. 그러다 뽀르뚜까 아저씨의 죽음으로 제제는 세상에서 가장 큰 슬픔을 겪습니다. 하지만 그 상처를 통해 그는 사랑받았던 기억을 품게 되고, 그 기억이 이후의 삶을 지탱하는 힘이 됩니다.

아이들과 이 고전을 함께 읽으며 '밍기뉴'에게 마음을 털어놓았던 제제의 마음에 공감해 보기도 하고, 이런 가족이라도 사랑해야 하는지, 제제의 말썽에는 어떤 의미가 담겨있는지, 뽀르뚜까 아저씨의 죽음은 제제에게 어떤 의미였을지 등 많은 이야기를 나누었습니다. 이 소설 역시 한 번만 읽기보다 여러 번 읽으며 발견하지 못했던 의미를 찾아보고 제제와 함께 성장해 나가기를 바랍니다.

### 확장 도서

### 『프랑켄슈타인』 - 메리 셸리 저

'하이드'처럼 인간이 만든 피조물이 결국 자신을 위협하는 이야기이며, 내가 만든 나'를 감당할 용기와 윤리의식에 대해 생각하게 하는 고전 소설.

### 『죄와 벌』 - 도스토예프스키 저

'이성적 정당화'와 '도덕적 죄책감' 사이에서 괴로워하는 주인공의 모습을 통해 인간의 죄의식과 양심을 이야기하는 고전 소설.

### 『톰 소여의 모험』 - 마크 트웨인 저

가난하지만 밝은 소년 톰이 세상을 배우며 성장하는 이야기이며, 상상력과 장난기 속에서 진짜 삶의 지혜를 배울 수 있는 고전 소설.

### 『키다리 아저씨』 - 진 웹스터 저

고아 소녀 주디가 후원자의 도움으로 자립해가는 이야기이며, '이해받는 경험이 주는 성장'을 배울 수 있는 고전 소설.

### 『동물농장』 - 조지 오웰 저

이상을 내세웠던 동물들이 결국 자신들이 비판하던 인간과 닮아가는 모습을 보여주며, '도덕적 인간'이 어떻게 타락하는가를 보여주는 고전 소설.

## 2장

# 비문학 - 생각의 지평을 넓히다

---

우리 아이는 소설만 좋아하고 비문학은 거들떠보질 않는데, 이대로 둬도 될지 고민하는 부모님들을 많이 만났습니다. 비문학이 재미없다는 아이들의 진짜 속마음을 들여다보면 '나와 상관없이 이야기'라는 생각에서부터 시작됩니다. 과학, 역사, 경제 이야기도 사실은 살아가는 데 중요한 도구가 될 텐데 말이지요. 방법은 '연결고리'를 찾아주는 것입니다. 내 삶과 멀리 떨어져 있는 것이 아니라는 그 '연결고리' 말입니다.

1

# 비문학, 아이에게 어떻게 읽힐까

**단계를 낮춰주세요**

비문학은 문학보다 어휘와 개념이 낯설어 진입 장벽이 높습니다. 먼저 그림이나 사진이 풍부한 입문서를 건네세요. 예를 들어 환경 주제를 다룬 그림책 『이토록 불편한 고기』처럼 한눈에 이해되는 책이 좋습니다. '금세 다 읽었다'라는 성취 경험이 쌓여야 다음 단계로 자연스럽게 넘어갑니다. 많이 읽어보지 않은 분야의 글이기 때문에 내용은 물론 어휘도 생소합니다. 쉬운 책부터 시작합니다.

**학습 만화책을 마중물로 활용해 보세요**

만화책에 대해서는 독서 전문가들의 의견이 분분합니다.

저의 10년 독서 지도 경험에 비추어 보자면 만화책만 읽으려 하는 경우는 독서의 효과를 얻기가 어려울 뿐만 아니라 좋지 않은 습관도 생길 수 있습니다. 만화책은 선택하는 어휘가 매우 한정적이며 문장의 길이 또한 매우 짧습니다.

만화책만 읽게 되면 행간을 읽는 훈련이 되지 않습니다. 독서를 통해 문해력이 길러지려면 글을 읽으며 생각하고, 문장에서 단어를 어떻게 활용하는지도 익혀야 합니다. 만화책만 오래 읽은 아이들의 경우, 줄글 책을 읽으며 대사가 나오는 부분에서 누구의 말인지 제대로 파악하지 못해 엉뚱하게 내용을 이해하기도 합니다.

하지만 줄글 책도 잘 보는 아이가 한 번씩 만화책을 휴식처럼 읽는 것은 굳이 막을 필요는 없습니다. 경제·과학·역사처럼 개념이 복잡한 분야는 학습 만화가 훌륭한 징검다리입니다. "만화 → 요약 말·글로 정리 → 관련 줄글 책" 순서로 다단계 독서를 설계해 주세요. 역사, 경제, 과학 등 처음 낯선 분야의 책을 접할 때 마중물로 학습 만화를 활용해 보셔도 좋습니다.

## 미디어를 활용해 보세요

저도 역사 수업 때 가끔 이 방법을 활용합니다. 고구려를 건국한 주몽의 신화를 설명할 때, 관련 인물이 많아 아이들이 혼동할 수 있습니다. 유화부인과 해모수, 유화부인과 금와왕, 주몽과 예씨 부인, 주몽과 소서노, 주몽의 아들 유리, 비류, 온조 등 짧은 이야기 속에 등장인물이 많다 보니 아이들의 기억에 오래 남지 않을 수 있습니다. 이런 경우, 유튜브의 〈지니키즈 역사〉나 〈공부왕 찐천재〉와 같은 채널에서 영상을 찾아 보여주면 이해를 돕는 데 유용합니다. 또한, 어려운 시장 경제 개념이나 과학을 이야기할 때도 미디어를 활용해 아이들이 관심을 가지도록 유도하는 것도 좋은 방법입니다. 시청 뒤엔 꼭 "영상에서 가장 인상 깊은 장면이 뭐였어?" 같은 질문으로 텍스트 사고로 연결해야 효과가 지속됩니다.

2장에서는 역사, 철학, 경제, 과학 등 각 영역의 비문학 책을 소개합니다. 오늘은 아이와 함께 목록을 훑어보며 가장 끌리는 주제 하나를 골라 보세요. 작고 가벼운 한 권이, 세상을 향한 창문이 될 것입니다.

2

# 수백 년 전 기록에서
# 오늘을 배우다

『역사의 쓸모』_ 지금을 살아내기 위한 어제의 지혜
최태성 저 | 프런트페이지 | 역사, 기록, 통찰

학교에서 역사를 처음 배우는 시기는 초등학교 5학년입니다. 더 어린 나이에도 역사에 흥미를 느끼는 아이들은 책이나 다양한 매체를 통해 스스로 역사를 접하기도 하지요. 학교 교육 과정에서 5학년에 처음으로 한국사를 편성한 이유는 아이들의 발달 단계를 고려했기 때문입니다. 이 시기의 아이들은 관심의 범위가 '나'라는 개인에서 '우리', 그리고 더 나아가 '사회'로 확장됩니다. 따라서 사춘기 시기와 맞물리는 이 시점은 역사를 배우기에 가장 적절한 시기입니다. 자신이 속한 사회의 과거를 이해하며 세상과 나의 관계를 탐색하기 시작하는 때이기 때문입니다. 저는 역사 공부하는 걸 어려서부터 좋아했지만, 이 책을 읽고 역사가 더 좋아졌습니다. 바로 『역사의 쓸모』입니다.

사춘기 아이들이 가장 먼저 해야 할 공부는 '인간'을 탐구하는 인문학이라고 생각합니다. 인문학이라고 하면 지루하거나 재미없다고만 생각할 수 있는데, 이 책에서 역사를 '사람을 만나는 인문학'이라고 정의하고 시작하고 있습니다.

이 책은 역사적인 사실만을 나열한 것이 아니라 역사를 바라보는 시각을 알려줍니다. 역사적인 사실만 단편적으로 배우다 보면 역사를 싫어하게 될 수도 있습니다. '나'와 관련 없는 지나간 이야기를 왜 읽어야 하냐며 멀찌감치 떨어져 역사를 바라볼 수도 있습니다.

역사는 '사실'을 아는 것도 중요하지만, 그보다 더 중요한 것은 그 시대 사람들의 생각과 행동을 이해하려는 태도입니다. 이 책에서 전하고자 하는 메시지도 바로 그것입니다. 우리가 살아보지 못한 시대를 살았던 인물들의 처지와 마음을 헤아려 본다면, 세상을 바라보는 관점이 훨씬 깊어지고 넓어질 것입니다.

이 책에서 이야기하듯이 한글의 창제는 단순히 새로운 문자가 만들어진 사건이 아니었습니다. 그것은 마치 판도라의 상자를 연 것과 같았습니다. 문자를 통해 까막눈이던 백성이 글을 읽고 쓸 수 있게 되었다는 것은 곧 지식을 독점하던 지배층의 권력이 흔들리기 시작했다는 뜻이었습니다. 우리 역사뿐 아니라 세계의 많은 이야기 속에서도 권력을 쥔 사람들은 늘 피지배층이 무지 속에 머물기를 바랐습니다. 그들이 세상을 알고, 생각하고, 스스로 말하기 시작하는 순간 질서가 바뀌기 때문입니다.

따라서 한글 창제는 단순히 '우리 글자가 생겼다'라는 사실 이상의 의미를 갖습니다. 그것은 모든 사람이 지식에 접근할 수 있는 세상이 된 것이며, 백성 스스로 생각하는 힘을 갖게 된 순간이었습니다. 바로 그 지점에서 역사는 단순한 과거가 아니라, 지금 우리의 삶과 이어지는 살아 있는 이야기로 다시 태어납니다.

 청소년 시기에는 세상과 자신을 분리해 바라보는 능력이 서서히 자랍니다. 내 생각이 옳은가, 내가 사는 세상은 왜 이런가, 이런 질문들이 처음으로 싹트는 때입니다. 역사를 배우면 세상에 대한 시야가 넓어집니다. '한글'처럼 지금 내가 누리는 문화와 기술, 평화와 권리가 많은 사람의 노력과 희생 위에 세워졌다는 것을 알게 되면 세상을 대하는 태도가 달라집니다. 누군가의 고통과 실패를 '과거'로만 두지 않고, 그 속에서 '현재의 교훈'을 읽어낼 수 있게 되는 것입니다.

 또한 역사는 '나의 위치'를 생각하게 합니다. 내가 지금 서 있는 이 땅, 내가 속한 사회의 의미를 알게 될 때, 자존감은 단순한 자기만족이 아니라 연결된 존재로서의 자존감으로 자라납니다. 역사를 공부한 아이는 "나는 왜 이렇게 살아야 하지?"라는 질문에 "이 길은 나만의 길이 아니라, 이전 세대가 걸어온 길의 연장선"이라고 대답할 수 있습니다.

 "과거를 기억하지 못하는 자는 그 과거를 되풀이할 운명에

처한다."라고 스페인의 철학자 조지 산타야나는 말했습니다. 역사는 단순히 사건을 외우는 학문이 아니라 미래를 잘 살기 위해 알아야 할 필수 학문입니다.

전쟁과 혁명, 평화와 협력의 역사를 통해 사춘기 아이들은 '인간이 어떤 존재인가.'를 묻게 됩니다. 그리고 그 질문은 결국 '나는 어떤 인간이 되고 싶은가.'로 이어집니다. 그래서 역사는 어른이 되기 위한 가장 깊고 단단한 공부입니다.

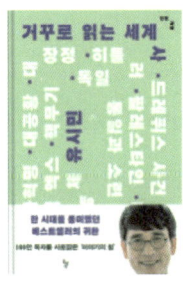

『거꾸로 읽는 세계사』_ 세상을 다른 눈으로 보는 법
유시민 저 | 돌베개 | 세계사, 관점, 전환점

세계사를 배우면 한 나라의 시선이 아니라 인류 전체의 시선으로 세상을 보게 됩니다. 유럽의 산업 혁명, 미국의 민주주의, 프랑스의 인권 선언, 아시아의 독립운동이 어떻게 서로 영향을 주고받았는지를 알게 되면, 지구는 거대한 연결망 속에 있다는 사실을 깨닫게 됩니다. '나만의 관점'을 넘어 '세계 시민의 시각'을 가지게 되는 거죠.

또한 세계사를 알면 고전도 풍성하게 읽어낼 수 있습니다. 중학교 2학년 교과 과정에서 세계사를 처음 접하는 아이들을 보면 배경지식의 정도가 천차만별입니다. 학교에서 배우기 전에 배경지식으로 세계사를 알고 있으면 훨씬 수월하게 교과 과정도 이해할 수 있습니다.

유시민의 『거꾸로 읽는 세계사』는 전체 세계사의 흐름을 아는 아이들이 더 재미있게 볼 수 있습니다. 이 책은 특히 20세기 세계사의 주요 사건을 중심으로 새로운 시각에서 풀어냈습니다. 제목에서 보듯, 단순히 시간순으로 사건을 나열하는 방식이 아니라 우리가 흔히 배운 역사적 흐름 위에 있던 '당연해 보이는 것들'을 뒤집어 보고, 다시 생각해 보는 시도를 담고 있습니다.

제1장 드레퓌스 사건부터 흥미롭습니다. 프랑스 제3공화국 시기인 1894년, 유대인 출신 프랑스 육군 포병 대위 알프레드 드레퓌스가 독일 대사관에 군사 기밀을 넘겼다는 혐의

로 유죄판결을 받습니다. 실제로는 유죄 증거가 조작된 것이었고, 이후 군 정보당국의 내부 조사에서 다른 장교가 범인으로 지목되지만, 군과 언론, 사회가 이를 덮습니다. 1906년 결국 드레퓌스가 무죄 판결받고, 복권되면서 이 사건은 프랑스 내에서 정의와 인권, 반유대주의, 언론과 권력의 관계를 드러내는 상징적인 사건이 되었습니다.

이 책에서는 이 사건을 단순히 '유대인 대위가 억울하게 누명 쓴 사건'으로 그치지 않고, 왜 군사 권력이 민간 권력보다 우위에 섰는지, 왜 증거보다 체제의 위신이 우선시되었는지, 그로 인해 어떤 시민 사회적 갈등이 폭발했는지를 뒤집힌 시선으로 설명합니다.

이 사건 외에도 사라예보 암살, 러시아혁명, 대공황, 베트남전쟁, 맬컴 엑스, 핵무기, 소련 해체 등 다양한 키워드를 통해 세계사의 흐름을 다시 보게 합니다. 역사는 앞서 말했듯이 통찰이 중요합니다. 한국사도 물론이지만 세계사는 더욱 기술한 관점에 따라 다르게 볼 수 있음을 기억하고 이런 책을 통해 세상을 보는 관점을 배워나가기를 바랍니다.

**확장 도서**

### 『너무 재밌어서 잠 못 드는 세계사』 - 우야마 다쿠에이 저

일본의 유명한 역사 강사가 쓴 책이며, 또 다른 시각에서 세계사를 바라볼 수 있는 책.

### 『박시백의 조선왕조실록』 세트 - 박시백 저

만화라는 친근한 형식으로 복잡한 연대와 인물, 제도, 사건을 시각적으로 전달함. 역사를 처음 접하는 청소년에게 진입 장벽을 낮춰줄 만한 책.

### 『요즘 10대를 위한 최소한의 세계사』 - 임소미 저

고대 문명부터 현대 강대국의 흥망, 전쟁사까지 한 권에 담고 있어 세계사의 흐름과 연결성을 쉽게 파악할 수 있도록 구성된 책.

3

# 인문과 철학은
# 멀리 있지 않다

『프랑켄슈타인의 철학 좀 하는 괴물』_ 사랑받지 못한 존재의 철학

문명식 저 | 나무를심는사람들 | 철학, 심리, 이성

사춘기 아이들이 책과 멀어지는 이유는 바쁜 일정이나 호르몬의 영향도 있지만, 사실은 쉽게 공감하고 몰입할 만한 책을 찾기 어렵기 때문이기도 합니다. 비슷한 소재와 전개가 반복되는 책들에 싫증을 느끼는 것이지요. 그럴 때 아이들에게 가장 좋은 대안이 바로 '고전'입니다.

물론 고전은 아이 혼자 읽기에는 다소 어렵게 느껴질 수 있습니다. 그래서 누군가 옆에서 함께 읽고, 생각을 나누어 주는 과정이 필요합니다. 그 대화의 순간이 아이에게는 새로운 출발점이 됩니다. 독서 수준이 높은 아이라면 원문으로 읽어도 좋고, 어려워한다면 아동용으로 각색된 책으로 시작해도 충분합니다. 중요한 것은 이야기를 함께 경험하고, 생각을 나누는 시간 그 자체입니다.

원에서 고학년 이상 아이들과 분기에 한 번씩 고전 깊이 읽기를 합니다. 한 달 동안 한 권의 책에 몰입해 읽다 보면, 책이 끝날 무렵에는 마치 친구와 작별하는 듯한 아쉬움이 남기도 합니다. 아이들 혼자 시작하기는 어려울 수 있으니 누군가 옆에서 같이 읽고 이야기 나눠주면 좋은 출발이 될 수 있습니다.

6학년 아이들과 『프랑켄슈타인』을 함께 읽었습니다. 책을 읽으며 몇 번을 감동하고 감탄했는지 모릅니다. 아이들도 처음에는 살인을 저지르고 나쁜 짓을 많이 했다고 알고 있던 '괴물'이 나쁘다고만 생각했습니다. 그러다가 점점 괴물을 이해하게 되고, 괴물을 만들어 내고 책임지지 않은 창조자, 프랑켄슈타인에 대해 비난하기도 했습니다.

괴물은 처음부터 악한 존재가 아니었습니다. 채식을 하고 독서를 하며 말과 글을 스스로 익히기도 한 교양 있는 존재였습니다. 괴물을 정말 괴물로 만든 것은 그의 겉모습만 보고 거부하고 내쳤던 인간들이었습니다. 괴물과 진심으로 대화했던 유일한 등장인물을 앞이 보이지 않는 노인으로 설정한 작가의 의도를 보며 놀라워했습니다.

노예해방 운동가였던 메리 셸리는 이 작품을 통해 겉모습으로 타인을 판단하고, 흑인을 열등한 존재로 취급했던 백인 사회를 비판했습니다. 그래서 이 책을 읽고 난 아이들은 자연스럽게 이런 질문을 던졌습니다.

"이 이야기 속 진짜 괴물은 누구였을까? 프랑켄슈타인이었을까, 아니면 '괴물'이었을까?"

괴물을 창조한 프랑켄슈타인도 괴물도 모두 복수로 파멸합니다. 그들에게 필요한 것은 복수가 아니라 사랑이었을 겁니다. 결국 사람을 변화시키는 일도, 사람을 살리는 일도 모두 '사랑'의 문제입니다.

『프랑켄슈타인』 고전을 읽은 아이라면, 『프랑켄슈타인의 철학 좀 하는 괴물』도 흥미롭게 읽어낼 것입니다. 원문을 읽지 않았거나 읽기 어려워했던 아이라도 이 책을 먼저 읽어보아도 좋습니다. 플라톤의 이데아, 칸트 철학 등 어려운 철학 개념도 아이들의 눈높이에서 이해하기 쉽게 풀어서 설명했습니다.

인간의 이성을 가졌지만 버림받은 '괴물'의 눈으로 바라본 인간 세상을 이야기하며, '나는 누구이며, 인간은 무엇인가?'에 대해 고민해 보게 이끕니다. 철학도 결국 '나'로부터 시작되는 학문이기에 나의 정체성에 대해 고민하는 시기에 한 번쯤 읽어보면 좋겠습니다. 이 책을 시작으로 철학에도 관심을 두게 될지도 모릅니다.

『우리는 언젠가 만난다』_ 나, 타인, 세계를 이어주는 이야기

채사장 저 | 웨일북 | 인문, 철학, 과학, 타인, 세계

이 책은 인문학책이자 과학책입니다. 『지적 대화를 위한 넓고 얕은 지식』으로 유명한 저자 채사장의 어린 시절 이야기부터 시작하여 세상을 통찰하는 이야기가 담겨있습니다.

저자가 재수하던 시기에 한 선생님께서 '별 이야기'를 해주셨다고 합니다. 별에 대한 지식을 얻고 싶으면 별에 관한 책이 아니라, 삼각형이 그려진 책, 사각형이 그려진 책, 원이 그려진 책등을 다양하게 읽었을 때 그것들이 머릿속에 들어와 비로소 별을 만드는 것이라고 말이지요. 그렇게 재수하는 동안 교과서와 문제집만 보겠다고 다짐했던 저자는 세계 문학책을 집어 들었답니다.

채사장은 세상에 존재하는 모든 것은 연결되어 있다는 관점으로 이야기를 엮었습니다. 별이 태어나는 과정과 인간의 생각, 미세한 원자와 우리의 감정, 나의 인생과 우주의 질서가 사실은 다 이어져 있다고요.

책을 읽다 보면 '모든 것은 결국 만나기 위해 존재한다.'라는 문장을 만나게 됩니다. 이 문장은 과학의 언어이면서 동시에 삶의 철학입니다. 사춘기를 지나며 "나는 왜 존재할까?", "나는 어떤 사람일까?"를 고민하는 아이들에게 이 책은 "너는 혼자가 아니야. 세상은 모두 연결되어 있어."라고 말해줍니다.

이 책은 세상 전체를 통찰하는 인문, 과학책으로 광범위한 지식과 깨달음을 전해줍니다. 책 전체를 다 읽지 못해도 좋으니, 목차를 보고 궁금한 부분부터 아이와 엄마가 하나씩 읽어나가며 새로 알게 된 것을 공유해 보는 것도 좋은 방법입니다.

이 책은 사춘기 아이들에게는 "세상을 이해하는 눈"을, 부모에게는 "아이를 이해하는 마음"을 동시에 열어주는 책이 될 것입니다.

### 확장 도서

#### 『백설공주는 왜 자꾸 문을 열어 줄까』 - 박현희 저

'동화로 만나는 사회학'이라는 부제를 가지고 있는 책으로, 철학과 더불어 첫 심리학책으로 시작하기 좋은 책.

#### 『토요일의 심리 클럽』 - 김서윤 저

주인공 안나와 친구들, 그리고 심리학자인 최이고 선생님이 등장해 청소년들이 다양한 심리 실험을 직접 체험하며 자신의 마음을 이해하고 심리학을 배울 수 있도록 구성한 책.

#### 『청소년에게 심리학이 뭔 소용이람?』 - 이남석 저

"심리학이 어디에 쓰일까?"라는 질문에 답을 찾으며, 자기 삶을 주체적으로 이해하고 변화시킬 수 있는 힘을 기를 수 있는 책.

II

# 삶을 능동적으로
# 설계하는 도구

『세상이 확 달라지는 정치 이야기』_ 삶을 잘 살아가
기 위해 꼭 알아야 할 정치
루이스 스필스베리 저 | 라임 | 정치, 사회, 민주주의

그 어떤 분야보다 어렵게 느껴지고 아이들의 삶과 거리가 먼 이야기라고 생각하는 분야 중 하나가 정치일 것입니다. 정치 관련 책을 권하면 아이들이 말합니다. 아직 투표권도 없고 내가 몰라도 되는 정치 이야기를 꼭 읽어야 하는지 묻습니다. 최근에는 정치적인 큰 이슈를 겪으며 몇 년 전보다 아이들이 조금 더 정치를 가까이 느끼는 모습을 보이기도 합니다.

정치는 어른들만의 이야기일까요? 뉴스에서 들려오는 선거, 국회, 세금 이야기가 아직은 멀게 느껴질지도 모릅니다. 그러나 정치란 결국 '우리의 삶을 움직이는 결정의 과정'입니다. 지금 우리가 다니는 학교, 마시는 물, 버스를 타는 길, 교과서의 내용까지, 모두 정치적 결정의 결과물입니다. 이 책을 통해 기본적인 정치 개념을 배워보는 것을 시작으로 정치에도 관심을 갖게 되면 세상을 이해하고 잘 살아가기 위한 도구 하나를 또 장착하게 됩니다.

이 책은 민주주의는 물론, 삼권 분립, 국제 협력 등의 개념을 알기 쉽게 풀어 놓았습니다. 초판 출판 후 6년 만인 2024년에 개정판이 다시 출간되었습니다. 이해를 돕기 위한 그림도 함께 삽입되어 있어 조금 더 가볍게 접근할 수 있습니다.

지금의 민주주의가 발전해 온 과정도 보여 주며, 현재의 민주정치 또한 완벽하지 않다는 사실도 알려줍니다. 그것이 미래 사회의 주인공인 우리 아이들이 정치에도 반드시 관심을 가져야 할 이유가 되기도 합니다.

우리나라뿐 아니라 프랑스, 미국, 아이슬란드 등 여러 나라의 정치 체제와 특징을 함께 비교해 보여 줍니다. 정치를 모른다는 것은 곧 세상의 규칙을 모르는 것과 같습니다. 이 책을 통해 그동안 낯설게 느껴졌던 정치 개념들을 이해하고 나면, 뉴스 속 복잡했던 이야기들이 조금씩 흥미롭게 들리기 시작할 것입니다. 그렇게 아이들은 세상을 바라보는 관심의 창을 한 뼘 더 넓혀가게 됩니다.

『10대를 위한 워런 버핏 경제 수업』_ 돈이 아니라 가치를 보는 눈을 길러라
안석훈, 이경민, 홍혜민 저 | 넥스트씨 | 경제, 가치관, 주식

사춘기쯤이 되면 경제관념도 생기기 시작합니다. 불과 몇 년 전, 지금 고등학생인 첫째 아이에게 용돈을 주기 시작할 때만 해도 현금으로 용돈을 주었던 기억이 있는데, 이제 많은 아이가 현금이 아닌 체크카드를 가지고 다니는 세상이 되었습니다. 부모님들께서 직접 아이들에게 '주식'의 개념을 알

려주시고 경험해 보게 하시는 분들도 만났습니다. 요즘 아이들은 경제를 멀게 생각하지 않습니다. 유튜브, 게임, 스타트업, 용돈 관리 앱 등 일상 속 곳곳에서 이미 경제가 작동하고 있기 때문입니다. 경제는 어른이 되면 배우는 것이 아니라, 지금 배워야 삶을 능동적으로 설계할 수 있는 지식이 된 것입니다. 경제 역시 아이들이 직접 자신과 관련 있는 이야기라고 생각하면 경제 분야의 책도 재미있게 볼 수 있습니다.

『워런 버핏 경제 수업』은 열세 살 경민이와 열네 살 혜민이, 그리고 중학교 사회 선생님인 안쌤이라는 인물을 등장시켜 워런 버핏의 일화와 명언 등을 빌어 경제 개념을 쉽게 이야기하고 있습니다.

세계적인 투자자 워런 버핏이 여섯 살 때 껌과 콜라를 팔았다는 이야기는 유명한 일화입니다. 할아버지 식료품 가게를 도우며 싸게 사들여 비싸게 판매하는 기본적인 상업 원리를 목격하고 체득했다고 하죠. 그런 어린 시절의 경험이 지금의 워런 버핏을 만든 씨앗이 되지 않았을까요?

주식에 관심이 있는 아이들은 이 책의 3장에서 소개하는 기업의 경제적 건강을 평가하는 방법도 관심 있게 볼 것입니다. 꼭 투자를 직접 해보지 않더라도 돈의 흐름을 보기 위해 세상의 흐름을 볼 줄 알아야 합니다. 세상에 대한 시각을 넓혀가기에 이보다 재미있게 좋은 공부가 없습니다.

저축과 투자, 주주총회와 의결권 등 어려운 개념들을 아는 것도 중요하지만, 돈에 대한 개념을 바로 정립하는 것도 사춘기를 지나는 우리 아이들에게 꼭 필요합니다. 어렵게 설명한 책보다 이렇게 아이들에게 익숙한 인물과 소설 같은 구성으로 다가가는 책으로 먼저 시작해 본다면 어렵지 않게 경제책에도 관심을 가질 것입니다.

**확장 도서**

### 『세상의 모든 돈이 사라진다면』 - 복대원, 윤정구 저

조개껍데기에서 암호화폐까지, 돈이 바뀔 때마다 사회가 어떻게 뒤흔들렸는지를 만화·인포그래픽으로 보여 주는 책.

### 『10대를 위한 요즘 경제학』 - 김나래, 이에라 저

손흥민 연봉·비트코인·ESG 등 18개 최신 키워드를 카드 뉴스 형식으로 소개하고 있으며, 각 장의 '생각 주머니' 코너가 논술·토론 대비까지 돕는 청소년 맞춤형 트렌드 경제서.

### 『선거 쫌 아는 10대』 - 하승우 저

청소년들이 선거권을 갖게 된 변화된 현실을 바탕으로, 선거와 투표의 차이부터 우리나라의 선거 제도, 그리고 유권자로서 갖춰야 할 기준을 쉽고 명확하게 설명한 교양서.

### 『내 손으로 만드는 내 삶을 위한 정치』 - 박선민 저

대한민국의 정치 구조와 작동 방식을 쉽게 이해하도록 돕는 가이드북으로, 민주주의의 역사부터 정당과 국회의 역할, 청소년이 참여할 수 있는 정치 활동까지 폭넓게 다루고 있는 청소년 정치 입문서.

5

# 세상을 이해하는
# 또 다른 언어

『정재승의 과학 콘서트』_ 과학은 결국 사람의 이야기다

정재승 저 | 어크로스 | 과학, 호기심, 이해

하늘의 별을 보며 "저건 왜 빛나?"하고 호기심 어린 눈으로 묻던 어린아이 대신 엄마만큼 훌쩍 커 방문을 닫고 들어가는 뒷모습을 보이는 어른도 애도 아닌 아이가 우리 앞에 서 있습니다. 이 아이들은 호기심이 사라진 것이 아니라, 마음속 질문이 달라진 겁니다.

"나는 왜 이렇게 살아야 하지?", "세상은 왜 이런 법칙으로 돌아갈까?"

이 시기의 아이들은 이미 과학을 통해 세상을 이해할 준비가 된 존재입니다. 과학책은 단순히 지식을 전달하는 책이 아니라, 세상을 바라보는 방식을 바꿔주는 책이라는 걸 깨닫게 되면 과학책도 '나'와 먼 이야기가 아닙니다. 눈앞에 보이는 현상 뒤에 숨은 원리를 알고 나면 세상은 전혀 다른 얼굴로 다가옵니다.

그래서 많은 아이에게 추천하는 책이 바로 『정재승의 과학 콘서트』입니다. 초등학교 5학년 아이가 이 책을 읽고 쓴 감상문을 보고도 이런 책이 아이들에게 주는 이점에 대해서 다시 한번 느끼게 되었습니다.

이 친구가 독후감에 소개했던 내용 중에 '머피의 법칙'에 대한 이야기가 있었습니다. 머피의 법칙은 그동안 과학자들도 진지하게 다루지 않고 우스갯소리라고만 여겼다고 합니다. 소풍 때마다 비가 오고, 수능 날마다 한파가 찾아오는 등 우연히 일어나는 듯한 일들을 과학적으로 접근한다는 이야기에 과학에 통 흥미가 없던 저도 시간 가는 줄 모르고 책에 빠져 읽었습니다.

예를 들어, '잼 바른 빵을 식탁에서 떨어뜨리면 왜 항상 잼 바른 부분이 바닥으로 떨어질까?'라는 물음을 실험을 통해 증명해 보였습니다. 이는 우연이나 재수가 없어서가 아니라 일반적인 탁자의 마찰계수와 중력과 관련이 있다는 것입니다.

이외에도 '왜 내가 선 줄만 줄어들지 않을까?', '산타클로스가 전 세계 아이들에게 선물을 다 나눠주려면 얼마나 빠른 속도로 날아야 하는가?' 등 아이들이 흥미롭게 볼만한 주제도 쉽게 풀어놓았습니다. 아이들에게는 이 책보다도 만화책으로 구성된 『정재승의 인간 탐구 보고서』 시리즈가 익숙할 것입니다. 이 만화책을 재미있게 본 아이들에게 이 책을 추천하면, 많은 아이가 관심을 보였습니다. 처음으로 정말 재미있게 본 과학책이었다는 평가도 해 준 아이도 있었습니다.

과학은 결국 인간의 호기심이 만든 이야기입니다. 그 호기심을 따라가다 보면 아이는 자연스럽게 세상을 이해하고, 자기 삶의 법칙을 세워나갑니다. 그래서 과학책은 미래를 준비하는 공부이자, 지금의 나를 이해하는 공부이기도 합니다.

『떨림과 울림』_ 물리학이 들려주는 마음의 이야기
김상욱 저 | 동아시아 | 과학, 감정, 인간 이해, 우주

이 책은 물리학자 김상욱 교수가 쓴 과학 에세이입니다. 어려운 책이지만 과학에 관심이 있는 아이라면 조금 새로운 시각으로 접근하며 읽어볼 수 있습니다. 신기하게도 이 책을 읽어보면 숫자나 공식을 배우는 게 아니라 세상을 느끼는 법을 느끼게 됩니다.

"모든 것은 떨림이고, 모든 관계는 울림이다."

이 말 또한 곧 세상의 모든 존재가 연결되어 있다는 뜻입니다. 원자 하나의 미세한 진동이 우주를 흔들고, 그 우주의

떨림이 다시 우리의 마음을 흔든다는 거죠. 그래서 물리학은 단순히 사물의 움직임을 설명하는 학문이 아니라, 존재의 의미를 탐구하는 언어가 됩니다.

물리학이라고 하면 물리를 정말 좋아하는 소수의 아이 말고는 고개를 절레절레 흔들 만큼 어려워합니다. 저 또한 그랬습니다. 그런데 이 책은 좀 다릅니다. 과학책인데 과학이 아니라 과학과 세상이 연결되어 있다는 것을 알려주기 때문에 흥미롭습니다. 물리학이라 물론 과학을 어려워했던 저에게도 쉽지 않은 주제였지만, 손도 못 대보던 다른 물리학 책과는 조금 다르게, 저자의 의도대로 인간적으로 과학을 풀어 놓은 느낌이었습니다.

총 4부로 이루어져 있으며, 과학 콘서트를 재미있게 읽어낸 아이라면 이 책도 한번 도전해 보면 좋겠습니다. 모든 부분을 다 이해하고 읽어내려 하기보다는, 관심이 가는 주제부터 읽어 나가다 보면 물리학에도 조금 가까워져 있을 겁니다.

사춘기를 지나는 아이들이 세상이 낯설고, 자신의 감정도 낯설어질 때 이 책은 이렇게 속삭입니다.

"너의 마음이 흔들리는 건 당연한 일이야. 그건 세상과 너 사이에 울림이 있다는 뜻이야."

### 확장 도서

### 『그림으로 보는 거의 모든 것의 역사』 - 빌 브라이슨 저

우주의 탄생부터 인류의 역사까지 방대한 내용을 그림과 함께 다루고 있으며, 이론만 설명하는 다른 책들과는 달리 다양한 관점과 이야기를 제시하여 흥미를 끌 수 있는 책.

### 『10대를 위한 인공지능에 관한 거의 모든 것』 - 전승민 저

컴퓨터 원리→AI·로봇 개념→미래 직업을 5장에 걸쳐 단계적으로 안내하고 있으며, AI 대 역량(데이터 감식력·창의 문제해결력)을 구체적으로 점검해 볼 수 있는 책.

### 『청소년을 위한 과학 인문학』 - 김호연 외 8명 저

다양한 분야의 전문가들이 과학사, 철학, 인문학적 시각을 통해 과학의 흐름과 의미를 제시하며, 청소년이 스스로 질문하고 생각할 수 있는 통로를 마련해 주는 책.

**에필로그**

# 엄마와 아이의 독립,
# 책으로 완성하다

저는 이 책을 통해 엄마의 안정과 아이의 행복이 함께 무르익는 길을 나누고 싶었습니다. 마흔을 넘기고서야 비로소 세상이 보이기 시작했습니다. 대학을 졸업하자마자 결혼하고, 정신없이 세 아이를 키우느라 저를 잃고 살았습니다. 그러다 마흔둘, 갑상선 암으로 수술을 했습니다. "설마 나한테 그런 일이 생기겠어?"하고 자만하며 하루하루를 버티느라 바빴습니다. 다행히 생명을 위협하는 병은 아니었고, 수술 후 세 달을 쉬며 '내가 정말 하고 싶은 일'을 처음으로 들여다보았습니다. 계속 독서 지도 교사로 일하면서 공부하고 연구해 온 커리큘럼으로 나만의 브랜드를 만들어 보고 싶었지만, 실패할 것이 두려워 용기를 내지 못하고 있었습니다.

수술대에서 떠올랐던 생각은 단순했습니다.

"인생은 언제 어떻게 변할지 모른다. 생각만 하지 말고, 실천하며 살자."

그렇게 저만의 브랜드로 용감한 첫발을 딛게 되었고, 1년 뒤 상가를 계약해 공부방에서 교습소로, 다시 1년 뒤 학원으로 성장시켰습니다. 저의 최종 목표는 공부를 잘하고 싶은 마음은 있지만 방법을 몰라 헤매는 아이들이 좌절하지 않도록, 읽고 쓰는 힘을 길러주는 것, 그것을 바탕으로 자기주도학습이 되는 아이들로 이끌어주는 것입니다. 문해력을 바탕으로 학업과 삶을 연결하는 사교육 센터를 만드는 것을 꿈꿉니다. 작은 교습소로 시작해 저만의 상표권 출원도 마치고, 방송 출연, 신문사 인터뷰 등 거짓말 같은 일들이 일어나고 있습니다. 이렇게 제 삶이 변하고 있듯이 앞으로도 삶으로 증명하며 어떤 방법으로든 읽고 쓰는 일의 가치를 알리며 살아가려고 합니다. 저는 실패하지 않을 자신이 있습니다. 실패는 내가 규정하는 것이기에 내가 실패라 생각하지 않고 나아가는 과정이라 생각하면 인생에 실패란 없으니까요.

## 세대를 잇는 다리, '책'

우리가 부모에게 배운 미덕은 '인내'였습니다. 반면 MZ세대는 자신을 당당히 표현하며 살아갑니다. 그리고 우리의 아이들은 또 다른 세상을 마주할 것입니다. 서로 너무 다른 유년기와 가치를 지닌 세대가 부모와 자식이라는 이름으로 묶여 있습니다. 이 간극을 메워 줄 가장 안전한 다리가 '책'이라고 저는 확신합니다. 수 세기를 견뎌 온 이야기 속에는 시대가 달라도 통하는 지혜가 숨어 있습니다.

"현재 교육은 쓸모없다."라며 무책임하게 아이를 방치하는 것은 해답이 아닙니다. 미래가 불투명할수록, 지금 주어진 삶에 최선을 다하며 책으로 시야를 확장해야 합니다. 저는 앞으로도 아이들 곁에서 책을 도구 삼아 학업과 삶을 잇는 방법을 연구할 것입니다.

## 엄마들의 안전지대

제 좌우명은 "읽고 쓰는 일이 세상에 도움이 되기를…."입니다. 그래서 4~50대를 지나는 '엄마'들과 독서 모임도 꾸렸습니다. 아이들만 위태로운 것이 아니라, 그 뒤에 더 위태롭고 가여운 '엄마'들이 보였습니다. 자식 때문에 속상해 우는 마음, 어디에도 마음 편히 내놓기가 어렵습니다. 엄마들에게도 안전지대가 필요합니다. 독서 모임에서 우리는 인문·심리 책으로 '나'를 만나고, 경제·자기계발서로 온전한 독립을 준비하며, 대하소설 『토지』로 세상을 이해합니다. 엄마들의 안전지대에서 아이만 바라보지 않고 하루 한 발씩 나를 성장시키고 있습니다. 이제는 글쓰기를 함께 하는 글쓰기 동지가 되어 함께 책을 출간하는 날을 꿈꾸고 있습니다. 우리 모두의 삶이 소설이자 작품입니다. 여러분도 글을 통해 안전지대를 만들어 그 안에서 성장해 나가시기를 응원합니다.

### 완벽하지 않아도 괜찮다

가끔 저보다 훌쩍 커버린 세 아이의 뒷모습을 바라보면, 그만큼 아이들을 키워 낸 제 자신이 참 대견합니다. 한때 저는 '완벽한 엄마와 가정'이라는 환상을 만들고 저를 가두었습니다. 그러나 세 아이를 키우며 깨달았습니다. 타고난 모양이 다르면, 같은 환경에서도 다르게 성장합니다. 아이에게 보이는 모든 문제가 내 탓만은 아니었습니다. 그 사실을 인정하며 오만을 내려놓았습니다.

사춘기까지 아이를 품어 키워내느라 애쓰신 여러분, 토닥토닥 자신을 먼저 위로해 주십시오. 이제는 엄마의 후반전을 준비할 차례입니다. 아이는 내가 내어준 빈자리만큼 성장할 거라고 믿어 주세요. 책 한 권, 한 문장이라도 좋습니다. 그 문장이 오늘의 삶을 일도라도 바꿔 준다면, 우리는 이미 새로운 길목에 서 있는 것입니다.

아이의 사춘기, 혼자 울지 마십시오.
책이, 그리고 이 책이, 여러분 곁에서 작은 등불이 되기를 진심으로 응원합니다.